“八五”普法

青少年法律知识一本通

《青少年法律知识一本通》编委会◎著

北京出版集团
北京出版社

图书在版编目（CIP）数据

青少年法律知识一本通 / 《青少年法律知识一本通》编委会著. — 北京：北京出版社，2022.2
ISBN 978-7-200-16365-0

Ⅰ. ①青… Ⅱ. ①青… Ⅲ. ①法律—中国—青少年读物 Ⅳ. ①D920.5

中国版本图书馆 CIP 数据核字（2022）第 019810 号

青少年法律知识一本通

QING SHAONIAN FALÜ ZHISHI YIBENTONG

《青少年法律知识一本通》编委会 著

出　　版　北京出版集团
　　　　　北京出版社
地　　址　北京北三环中路 6 号
邮　　编　100120
网　　址　www.bph.com.cn
总 发 行　北京出版集团
经　　销　新华书店
印　　刷　三河市嘉科万达彩色印刷有限公司
开　　本　880 毫米 ×1230 毫米　32 开本
印　　张　9
字　　数　176 千字
版 印 次　2022 年 2 月第 1 版　2022 年 2 月第 1 次印刷
书　　号　ISBN 978-7-200-16365-0
定　　价　48.00 元

质量监督电话 010-58572697
如有印装质量问题，由本社负责调换

前言

自1986年以来，我国逐步实施并完成了七个五年普法计划。这些年来，我国的普法工作取得了显著的成就，人民群众的法律知识水平也有了显著的提高。从2021年起，“八五”普法计划也正式拉开了帷幕。在前七个普法计划中，青少年都是重要的普法对象，而“八五”普法也不例外。习近平总书记曾在党的十九大报告中指出，实现中华民族伟大复兴是近代以来中华民族最伟大的梦想。要实现这一梦想，不仅需要前人的牺牲与奋斗，更需要我们年轻一辈的不懈努力。

苏联政治家加里宁曾经说过：“青少年是一个美好而又一去不可再得的时期，是将来一切光明和幸福的开端。”青少年时期是短暂而宝贵的，是每个人人生必经的重要阶段。在这一阶段中，青少年朝气蓬勃，奋发向上，充满着对未来的无尽憧憬与向往。但是，青少年的三观尚未完全建立，对人生和世界的见解还不成熟。为了保障青少年健康成长，需要从家庭、社会、学校等方方面面对青少年进行保护，也需要在法律方面对青少年的成长进行引导。

作为青少年，学习法律知识、增强自身法律素养，也是我们实现梦想不可缺少的一环。虽然青少年年龄还小，但是我国保障青少年权益的法律法规并不少。从国家的法律体系的角度来讲，不仅有《未成年人保护法》《预防未成年人犯罪法》这样专门为青少年制定的法律法规，《民法典》《义务教育法》等法律中的规定也与未成年人的生活息息相关。学习法律不仅能够增加青少年的知识，拓宽青少年的眼界，更能在青少年遇到法律难题时，使青少年能够运用法律武器维护自己的合法权利。

为了使青少年能够更加轻松、畅快地学习法律知识，我们编写了本书。在本书的编写过程中，我们格外注意使用轻松、通俗的语言，使每个年龄段的青少年都能轻松读懂本书。同时，为了能够更加生动地向青少年阐述法律原理，我们编写了众多从生活出发、贴近实际的小案例，让青少年身临其境，寓教于乐。此外，本书内容涉及青少年日常生活的方方面面，从国家、家庭、学校、社会以及预防未成年人犯罪等多个角度，向青少年展示丰富而生动的法律世界。

青少年是祖国的未来，是中华民族的希望，少年兴则国兴，少年强则国强。我们致力于让本书成为广大青少年了解和学习法律的启蒙书，也希望青少年能够通过本书更加了解法律，培养起对法律的兴趣。

诚然，由于时间和编写人员水平的限制，书中可能存在一些不妥之处，欢迎各位读者批评指正！

本书编委会

2021 年 7 月

目录

第1章 我和我的国家 /1

第 6 章　我和我的网络世界 / 148

第 7 章　我和我的法律红线 / 165

第 9 章　我和我的人格人身权 / 229

第1章　我和我的国家

1. 未满十八周岁的公民是否有义务维护国家安全?

案例在线

小强和小刚都是某市中学初中部的学生，平时两人经常一起讨论问题。一天，政治老师在上课时讲了有关国家安全的知识。下课后，小强和小刚一起讨论课后问题“维护国家安全是每个公民的义务”。小强认为，只有年满十八周岁的公民才有维护国家安全的义务，而小刚则认为无论是否满十八周岁，都有此义务。后来，更多的同学参加到两人的讨论之中。那么，未满十八周岁的公民是否有义务维护国家安全?

依法解析

维护国家安全是每个公民的义务。我国《宪法》第五十四条规定，中华人民共和国公民有维护祖国的安全、荣誉和利益的义务，不得有危害祖国的安全、荣誉和利益的行为。可见，只要是中国公民，就有维护国家安全的义务。违反此项基本义务的年满十六周岁以上的公民很可能构成犯罪，对此，我国《刑法》第一百一十一条规定，为境外的机构、组织、人员窃取、刺探、收买、非法提供国家秘密或者情报，危害国家安全的，将会根据情节轻重承担刑事责任。

我们生活在和平年代，但是，作为青少年，我们也有维护国家安全的义务。只要可能涉及国家机密、国家军事、地理等相关的东西都可能与国家安全相关，我们青少年应树立维护国家安全的意识，保守国家秘密，维护国家统一。

在上面的案例中，小刚的说法是正确的。任何中国公民都有维护国家安全的义务。我们不能因为自己是未成年人就不履行此项义务。这种想法是错误的。

法条链接

《中华人民共和国宪法》

第五十四条　中华人民共和国公民有维护祖国的安全、荣誉和利益的义务，不得有危害祖国的安全、荣誉和利益的行为。

《中华人民共和国刑法》

第一百一十一条　为境外的机构、组织、人员窃取、刺探、收买、非法提供国家秘密或者情报的，处五年以上十年以下有期徒刑；情节特别严重的，处十年以上有期徒刑或者无期徒刑；情节较轻的，处五年以下有期徒刑、拘役、管制或者剥夺政治权利。

2. 保守国家秘密是每个公民的义务吗？

案例在线

彤彤是某市高中一年级的学生，彤彤的哥哥是国家统计局的工作人员，主要负责一些涉密统计数据。一次，彤彤想借用哥哥的U盘，可是，彤彤的哥哥拿错了U盘，将自己工作中使用的U盘给了彤彤。彤彤插入电脑后发现U盘里面有很多统计数据，有些还标注了“秘密”字样，她非常感兴趣，觉得这些数据对自己的学习可能有帮助，便拷贝下来，还将这些数据分享给了自己的老师。老师发现后，向彤彤问清楚来源后，及时告诉她这些文件可能涉及国家秘密，让她将拷贝的文件及时删除，并叮嘱她千万不能外传，并及时将U盘还给哥哥。那么，保守国家秘密是每个公民的义务吗？

依法解析

老师的做法是正确的。根据《保守国家秘密法》第二条的规定，国家秘密是关系国家安全和利益，依照法定程序确定，在一定时间内只限一定范围的人员知悉的事项。国家秘密的密级分为绝密、机密、秘密三级。《宪法》第五十三条中也明确规定了公民必须遵守宪法和法律，保守国家秘密。这是每个公民的义务。

在实际生活中，作为青少年，我们应当学会辨别哪些信息属于国家秘密，对于这些信息我们应该保密，不能随意泄露给任何人，否则将会危害国家的安全，损害国家的利益。

在上面的案例中，彤彤的做法是错误的。彤彤哥哥U盘中的统计数据上面已经标注了“秘密”，再加上哥哥的工作性质，这些信息很可能属于国家秘密，她应该高度警觉，不应该随意拷贝这些数据，更不应该将数据传播给他人。

法条链接

《中华人民共和国宪法》

第五十四条　中华人民共和国公民有维护祖国的安全、荣誉和利益的义务，不得有危害祖国的安全、荣誉和利益的行为。

第五十三条　中华人民共和国公民必须遵守宪法和法律，

保守国家秘密，爱护公共财产，遵守劳动纪律，遵守公共秩序，尊重社会公德。

《中华人民共和国保守国家秘密法》

第二条 国家秘密是关系国家安全和利益，依照法定程序确定，在一定时间内只限一定范围的人员知悉的事项。

3. 升国旗是学校必须举行的仪式吗？升国旗时大家应当怎么做？

案例在线

小何是某中学初中三年级的学生。2021 年 6 月，学校按照惯例每周一举行升旗仪式，老师让同学们都参加。可是，当时小何有一张数学试卷还没有完成，而且他觉得马上就要参加中考了，学习最重要，便决定不去参加升旗仪式了。班里的几个同学问小何为什么不去参加升旗仪式，小何认为学校没有必要总是举行升旗仪式，而且他认为在学习紧张的时候还是要以学习为主。为此，其他几个同学在第二周也没有去参加学校的升旗仪式。后来，小何的班主任对他们进行了批评。那么，升国旗是学校必须举行的仪式吗？升国旗时大家应当怎么做？

依法解析

我国《国旗法》第十四条明确规定，学校除假期外，应当每周举行一次升旗仪式。应当奏唱国歌。在国旗升起的过程中，在场人员应当面向国旗肃立，行注目礼或者按照规定要求敬礼，不得有损害国旗尊严的行为。作为青少年，我们应当根据学校的安排参加学校组织的升旗仪式，而不能随意缺席。

在本案中，小何以学习为理由不参加学校升旗仪式的做法是不正确的，并且其认为学校没有必要举行升旗仪式的想法也是错误的。他应当积极参加升旗仪式，并且在参加升旗仪式时，应向国旗肃立敬礼并唱国歌。

法条链接

《中华人民共和国国旗法》

第十四条 升挂国旗时，可以举行升旗仪式。

举行升旗仪式时，应当奏唱国歌。在国旗升起的过程中，在场人员应当面向国旗肃立，行注目礼或者按照规定要求敬礼，不得有损害国旗尊严的行为。

北京天安门广场每日举行升旗仪式。

学校除假期外，每周举行一次升旗仪式。

4. 破坏国旗是违法行为吗?

案例在线

国庆节前夕，大街小巷都在挂国旗，欢庆国庆。铭铭的爸爸今年在某小吃街租了一个门面房，开了一家小店，在国庆节期间，铭铭的爸爸也买了一面国旗挂了起来。国庆节过后，家家户户陆续将所挂的国旗收起，铭铭的爸爸也把国旗收了起来，放在了一个橱柜中。一天，铭铭带着小伙伴来爸爸的店里玩，大家想做一个风筝，在就地选材的时候，发现了这面红旗。有人建议将红旗的布撕成一条一条的，绑在风筝尾部一定很好看。铭铭一听，立刻喝住。他坚决不同意这个建议，并且说破坏国旗是违法行为，我们应该尊重国旗。那么，铭铭的说法正确吗?

依法解析

铭铭的说法是正确的。国旗是国家的象征和标志。中华人民共和国国旗代表着中华人民共和国，尊重和爱护国旗是每个公民的义务。这体现着一个人的家国情怀，是对国家的尊重。每个公民都有义务尊重和爱护我国国旗。青少年也不例外。在上面的案例中，有人建议用国旗做风筝，这是坚决不行的，是对国旗的亵渎。铭铭及时制止这种愚蠢的行为，应该获得点赞。

并且，如果是在公共场合毁损国旗，可能还要承担相应的刑事责任。对此，我国法律有明确的规定。如《国旗法》第二十三条规定，在公共场合故意以焚烧、毁损、涂划、玷污、践踏等方式侮辱中华人民共和国国旗的，依法追究刑事责任；情节较轻的，由公安机关处以十五日以下拘留。《刑法》第二百九十九条第一款也规定，在公共场合，故意以焚烧、毁损、涂划、玷污、践踏等方式侮辱中华人民共和国国旗、国徽的，处三年以下有期徒刑、拘役、管制或者剥夺政治权利。

法条链接

《中华人民共和国国旗法》

第四条　中华人民共和国国旗是中华人民共和国的象征和标志。

每个公民和组织，都应当尊重和爱护国旗。

第十九条　不得升挂或者使用破损、污损、褪色或者不合规格的国旗，不得倒挂、倒插或者以其他有损国旗尊严的方式升挂、使用国旗。

不得随意丢弃国旗。破损、污损、褪色或者不合规格的国旗应当按照国家有关规定收回、处置。大型群众性活动结束后，活动主办方应当收回或者妥善处置活动现场使用的国旗。

第二十三条 在公共场合故意以焚烧、毁损、涂划、玷污、践踏等方式侮辱中华人民共和国国旗的，依法追究刑事责任；情节较轻的，由公安机关处以十五日以下拘留。

《中华人民共和国刑法》

第二百九十九条第一款 在公共场合，故意以焚烧、毁损、涂划、玷污、践踏等方式侮辱中华人民共和国国旗、国徽的，处三年以下有期徒刑、拘役、管制或者剥夺政治权利。

5. 国歌可以被改编演唱吗？

案例在线

浓浓是小学五年级的学生。一天周五下午，班主任提醒大家，下周一要升旗，请各位同学穿好校服，系好红领巾，遵守升旗礼仪。然而，在下课时，浓浓和同学说，他最近自己研究出了国歌的另一种唱法，把国歌变成了一种DJ版的音乐，还说唱起来非常有动感。于是，浓浓便在班里给大家演唱，逗得同学们哈哈大笑。浓浓改唱国歌被班长小强听到了，小强让浓浓停止，并告诉浓浓改唱国歌的行为是错误的，国歌奏唱是有规定的礼仪的，不遵守礼仪就是不尊重国歌。可是，浓浓却认为班长是小题大做。那么，班长是小题大做吗？

依法解析

班长绝对不是小题大做。我国《国歌法》第六条规定，奏唱国歌，应当按照本法附件所载国歌的歌词和曲谱，不得采取有损国歌尊严的奏唱形式。该法第七条规定，奏唱国歌时，在场人员应当肃立，举止庄重，不得有不尊重国歌的行为。同时，《关于规范国歌奏唱礼仪的实施意见》也明确规定，奏唱国歌时，应当着装得体，精神饱满，肃立致敬，有仪式感和庄重感；自始至终跟唱，吐字清晰，节奏适当，不得改变曲调、配乐、歌词，不得中途停唱或者中途跟唱。由此可见，在奏唱国歌时，我们应当严格按照规定的礼仪来奏唱。浓浓改唱国歌的行为不仅没有做到尊重国歌，也是违反法律规定的行为。

此外，如果是在公共场合贬损或侮辱国歌，还要被处以警告或者行政拘留，情节严重的话，还要承担相应的刑事责任。根据我国《刑法》第二百九十九条第二款的规定，在公共场合，故意篡改中华人民共和国国歌歌词、曲谱，以歪曲、贬损方式奏唱国歌，或者以其他方式侮辱国歌，情节严重的，处三年以下有期徒刑、拘役、管制或者剥夺政治权利。

法条链接

《中华人民共和国国歌法》

第六条 奏唱国歌，应当按照本法附件所载国歌的歌词和曲谱，不得采取有损国歌尊严的奏唱形式。

第七条 奏唱国歌时，在场人员应当肃立，举止庄重，不得有不尊重国歌的行为。

第十五条 在公共场合，故意篡改国歌歌词、曲谱，以歪曲、贬损方式奏唱国歌，或者以其他方式侮辱国歌的，由公安机关处以警告或者十五日以下拘留；构成犯罪的，依法追究刑事责任。

《关于规范国歌奏唱礼仪的实施意见》

二、国歌奏唱礼仪

1. 一般要求。奏唱国歌时，应当着装得体，精神饱满，肃立致敬，有仪式感和庄重感；自始至终跟唱，吐字清晰，节奏适当，不得改变曲调、配乐、歌词，不得中途停唱或者中途跟唱；不得交语、击节、走动或者鼓掌，不得接打电话或者从事其他无关行为。国歌不得与其他歌曲紧接奏唱。

2. 外事活动。除遵守一般要求外，着装应当符合外事活动要求；遇接待国宾仪式或者国际性集会时，可以连奏有关国家国歌或者有关国际组织会歌。

3. 运动赛会。除遵守一般要求外，国歌奏唱仪式开始前应当全体起立；比赛中遇奏国歌的情况，在不违反竞赛规则的前提下，应当遵循裁判指示暂停比赛活动。

4. 学校活动。除遵守一般要求外，少先队员应当行队礼。

《中华人民共和国刑法》

第二百九十九条 在公共场合，故意以焚烧、毁损、涂划、玷污、践踏等方式侮辱中华人民共和国国旗、国徽的，处三年以下有期徒刑、拘役、管制或者剥夺政治权利。

在公共场合，故意篡改中华人民共和国国歌歌词、曲谱，以歪曲、贬损方式奏唱国歌，或者以其他方式侮辱国歌，情节严重的，依照前款的规定处罚。

6. 公民是否有义务尊重民族风俗习惯？

案例在线

2021 年 6 月，梦梦中考结束后，便与班里的其他几个同学相约聚会。由于几个人都非常喜欢吃牛羊肉，因此，他们准备到一家清真餐厅聚餐。在朋友的推荐下，他们到了一家清真餐厅。然而，梦梦却带着爸爸从杭州带回来的一袋东坡肉进了餐厅。在点完菜后，梦梦准备请服务员把东坡肉放在一个餐盘中。此时，梦梦的好朋友东东马上阻止了她，并告诉梦梦，不能把猪肉带入清真餐厅，这是不尊重民族风俗习惯的表现。可是梦梦认为，带东坡肉是自己的自由，饭店无权干涉，自己没有义务去尊重别人的风俗习惯。那么，梦梦的说法对吗？

依法解析

梦梦的说法是不对的。我国《宪法》第四条第四款规定，各民族都有使用和发展自己的语言文字的自由，都有保持或者改革自己的风俗习惯的自由。同时，《民族区域自治法》也作出了类似的规定。可见，每个民族都有保持自身民族风俗习惯的自由，我们应当尊重其他民族的风俗习惯。

在现实生活中，每个民族因风俗习惯不同，都有着各自的禁忌。我们有义务尊重其他民族的风俗习惯，维护民族团结。在上面的案例中，梦梦既然选择了清真餐厅，就不应该将猪肉带进去。东东的说法是正确的，在这里要给东东点一个大大的赞。

法条链接

《中华人民共和国宪法》

第四条第四款 各民族都有使用和发展自己的语言文字的自由，都有保持或者改革自己的风俗习惯的自由。

《中华人民共和国民族区域自治法》

第十条 民族自治地方的自治机关保障本地方各民族都有使用和发展自己的语言文字的自由，都有保持或者改革自己的风俗习惯的自由。

7. 未经允许，随便进入他人住宅搜寻东西是否合法？

案例在线

小杜非常喜欢宠物。一天，小杜的爸爸给他买了一条宠物狗，小杜非常开心。小杜家在农村，有一个大院子，他经常让宠物狗在院子里玩儿。然而，有一次小杜在放学回家开门时，宠物狗趁机跑出去了，小杜赶忙追赶。后来，小杜眼看着宠物狗跑进了邻居张阿姨家里。可是，张阿姨家里没有人。此时，小杜便自己翻墙进入张阿姨家里找宠物狗。小杜进入张阿姨家院子后，并没有看到宠物狗，他看见房门没锁，于是便进入房屋四处寻找。过了一会儿，张阿姨开门回家，看到小杜在自己家里不断地找东西，又惊又气。未经允许，随便进入他人住宅搜寻东西是否合法呢？

依法解析

根据我国《宪法》第三十九条的规定，我国公民的住宅受到宪法保护，任何人不能非法搜查或者非法侵入他人的住宅。可见，随意搜查他人住宅的行为是违法的。那么，未经允许，随便进入他人住宅搜寻东西当然也是违法的。

住宅属于每位公民的隐私场所，任何人都不得随意进入或者搜查他人的住宅。只有公安机关在办理相关的案件时才能够搜查他人的住宅，并且应当按照一定的法定程序进行。根据《治安管理处罚法》第四十条的规定，非法侵入他人住宅的，处十日以上十五日以下拘留，并处五百元以上一千元以下罚款；情节较轻的，处五日以上十日以下拘留，并处二百元以上五百元以下罚款。我国《刑法》中还规定了“非法侵入住宅罪”，对非法搜查住宅，或者非法侵入他人住宅的，处三年以下有期徒刑或者拘役。

在上面的案例中，虽然小杜的宠物狗跑到了张阿姨家里，但小杜也不能随意翻墙进入张阿姨家里进行搜查。小杜可以等张阿姨回到家里后，请张阿姨帮忙在家里寻找宠物狗，或者经过张阿姨允许后再进入张阿姨家自行寻找。

法条链接

《中华人民共和国宪法》

第三十九条 中华人民共和国公民的住宅不受侵犯。禁止非法搜查或者非法侵入公民的住宅。

《中华人民共和国治安管理处罚法》

第四十条 有下列行为之一的，处十日以上十五日以下拘留，并处五百元以上一千元以下罚款；情节较轻的，处五日以上十日以下拘留，并处二百元以上五百元以下罚款：

（一）组织、胁迫、诱骗不满十六周岁的人或者残疾人进行恐怖、残忍表演的；

（二）以暴力、威胁或者其他手段强迫他人劳动的；

（三）非法限制他人人身自由、非法侵入他人住宅或者非法搜查他人身体的。

《中华人民共和国刑法》

第二百四十五条 非法搜查他人身体、住宅，或者非法侵入他人住宅的，处三年以下有期徒刑或者拘役。

司法工作人员滥用职权，犯前款罪的，从重处罚。

8. 逼迫他人信教的行为是否违法？

案例在线

小唐的表哥李某从中学时起就在国外生活，一直都信仰天主教。后来，李某大学毕业后回到国内生活。一次，小唐参加家庭聚会时，李某也在场，并在吃饭时大肆宣扬天主教。吃完饭后，大家正在聊天时，李某又不断地劝说小唐，让小唐信仰天主教。小唐没有信仰宗教的意向，便一再拒绝。之后，李某却说，如果小唐不信仰天主教，以后他们就断绝往来，别认他这个表哥了。对此，小唐非常为难。那么，像李某这样逼迫他人信仰宗教的行为是否违法呢？

依法解析

根据我国《宪法》第三十六条的规定，公民拥有宗教信仰自由，任何国家机关、社会团体和个人不得强制公民信仰宗教或者不信仰宗教，不得歧视信仰宗教的公民和不信仰宗教的公民。国家保护正常的宗教活动。由此可知，公民有权自由选择是信仰宗教还是不信仰宗教，任何人都无权干涉。

在上面的案例中，小唐表哥李某逼迫小唐信仰宗教的行为是违法的，这已经侵犯了小唐的宗教信仰自由。小唐自己有权选择信仰或者不信仰宗教、去信仰哪个宗教乃至哪个宗教的哪个教派。

在现实生活中，我们应当明确宗教信仰自由。并且，公民在从事宗教活动时，必须遵守国家法律，尊重他人的合法权益，服从社会整体利益的要求。任何人不得利用宗教进行破坏社会秩序、损害公民身体健康、妨碍国家教育制度的活动。

法条链接

《中华人民共和国宪法》

第三十六条　中华人民共和国公民有宗教信仰自由。

任何国家机关、社会团体和个人不得强制公民信仰宗教或者不信仰宗教，不得歧视信仰宗教的公民和不信仰宗教的公民。

国家保护正常的宗教活动。任何人不得利用宗教进行破坏社会秩序、损害公民身体健康、妨碍国家教育制度的活动。

宗教团体和宗教事务不受外国势力的支配。

9. 散布他人的隐私是在行使言论自由权吗?

案例在线

小亮与小刚是同班同学，也是邻居。一次，小刚听到自己的爸爸妈妈说小亮是“私生子”，非常惊讶。小刚一直只知道小亮是单亲家庭，却不知道小亮的妈妈居然是插足别人家庭的第三者。后来，小刚便在班里将小亮是私生子的事情告诉了其他的同学。对此，同学们在小亮的背后议论纷纷。小亮知道自己的身世后，非常伤心，甚至产生了厌学情绪。小亮的妈妈得知是小刚在学校散布的闲话后，专门到小刚家来理论。然而，小刚不仅没有道歉，还说这是他的言论自由权。那么，小刚的说法对吗?

依法解析

言论自由权是指公民通过各种语言形式表达其思想和见解的权利。根据我国《宪法》第三十五条的规定，公民享有言论自由权。

虽然法律赋予了公民言论自由，但言论自由并不是没有边界的，公民不能利用言论自由损害国家、社会、集体或者他人的自由和权利。对此，从《宪法》第五十一条可以找到依据。

在现行法律中，对言论自由的限制一般表现在：（一）不得危害国家安全；（二）不得侵害社会公共利益；（三）不得侵犯他人的人格权；（四）不得泄露国家机密、商业机密。在实际生活中，青少年也要注意，不能利用言论自由损害侵犯他人的权益。

在上面的案例中，小刚的说法是错误。小刚的言论侵犯了小亮的人格权（隐私权属于人格权），他应当马上停止自己的行为，向小亮道歉。

法条链接

《中华人民共和国宪法》

第三十五条 中华人民共和国公民有言论、出版、集会、结社、游行、示威的自由。

第五十一条 中华人民共和国公民在行使自由和权利的时候，不得损害国家的、社会的、集体的利益和其他公民的合法的自由和权利。

10. 遵守公共秩序和社会公德是公民的义务吗?

案例在线

2021 年 7 月，小聪放暑假后，一家人到外地旅游。小聪和家人在某景区乘船游玩时，小聪的妈妈看到船的四周有很多荷花，开得特别漂亮。于是，小聪的妈妈便准备去摘两朵。此时，小聪阻止了妈妈，并说不能在景区随意破坏植物，这种行为是不道德的。可是，小聪的妈妈却说没有关系。小聪又说，我们要遵守社会的公共秩序，如果大家的心理都像妈妈一样，那荷花早就已经被采摘完了，也就无法供大家观赏了。妈妈听了小聪的话，惭愧地把手缩了回来。那么，遵守公共秩序和社会公德是公民应尽的义务吗?

依法解析

所谓公共秩序，是指为维护社会公共生活所必需的秩序。社会公德，是指存在于社会群体中的道德，是约定俗成的行为规范。根据我国《宪法》第五十三条的规定，公民应当遵守公共秩序，尊重社会公德。

在实际生活中，公共秩序和社会公德在维系社会和谐中起着重要作用。我们在现实生活中应遵守公共秩序，尊重社会公德，明确自己应该做什么和不应该做什么，以树立正确的价值观。

在上面的案例中，小聪妈妈在景区随意采摘荷花属于不遵守公共秩序和社会公德的行为，小聪进行阻止的做法是正确的。我们为小聪的行为点赞。

法条链接

《中华人民共和国宪法》

第五十三条 中华人民共和国公民必须遵守宪法和法律，保守国家秘密，爱护公共财产，遵守劳动纪律，遵守公共秩序，尊重社会公德。

11. 未成年人也有纳税的义务吗？

案例在线

小欧是某市实验中学初二年级的学生，从小就擅长写作，她经常在某网站上定时更新自己写的小说。一天，某杂志社给小欧打来电话，邀请小欧做杂志社的签约作者。小欧非常高兴。后来，小欧定期给杂志社供稿，并获得稿费。可是，在每次稿费到账后，小欧都发现比实际的数额要少一点。原来，这少的部分是扣缴了个人所得税。小欧非常不解：难道未成年人也有纳税的义务吗？

依法解析

我国《宪法》第五十六条规定，公民有依照法律纳税的义务。由此可知，公民应当尽到依法纳税的义务，不区分是成年人还是未成年人。

依照税法规定，直接负有纳税义务的自然人、法人和其他组织为纳税人，他们需要根据法律的规定依法缴纳相应的税款。对于个人来讲，最主要的就是个人所得税的缴纳。顾名思义，个人所得税即因个人所得收入而产生的税款。无论该人是否成年，只要有收入，达到纳税水平的，就应该按时足额缴纳税款。

在上面的案例中，小欧的稿费属于其个人的收入，即便她尚未成年，但已经取得了收入，根据法律规定，需要缴纳相应的税款。

法条链接

《中华人民共和国宪法》

第五十六条 中华人民共和国公民有依照法律纳税的义务。

12. “坚持节约，杜绝浪费”是宪法的要求吗？

案例在线

欣欣是一位小学生，她平日里非常挑食。一次，欣欣的爸爸把爷爷奶奶接到家里来住一段时间。看到爷爷奶奶来了，欣欣非常开心。晚上，一家人围在一大桌饭菜前吃着聊着，其乐融融，喜笑颜开。然而，吃完饭后，欣欣的碗里剩了很多米饭和蔬菜。欣欣正准备把剩下的饭菜倒进垃圾桶时，被奶奶看到了。奶奶告诉欣欣，在他们小时候很难吃到米饭，甚至很少吃饱饭，教育欣欣要懂得节约粮食，不能浪费。另外，奶奶还告诉欣欣，坚持节约也是我们国家宪法所倡导的。那么，“坚持节约，杜绝浪费”在宪法中是否有规定？

依法解析

我国《宪法》第十四条第二款明确规定：“国家厉行节约，反对浪费。”据此可知，勤俭节约不仅是中华民族的传统美德，也是宪法的要求。国家已将这一美德写入了宪法，以鼓励人们在现实生活中秉持节约的优良传统，杜绝浪费。

然而，在现实生活中，依然存在着很多铺张浪费的现象，比如我们在饭店就餐时，一个劲儿地多点，最后剩下很多饭菜；一些食堂有很多剩菜剩饭，只能被倒入泔水桶。日常生活中，不仅存在食品浪费，对于水、电、气等资源，以及其他生活生产物资，都有很多浪费的现象。

为了减少铺张浪费的现象，我国《宪法》将勤俭节约的道德义务上升为宪法法律规定。其他法律中也有着对“节约精神”的倡导。值得一提的是，2021 年 4 月 29 日，我国公布了《中华人民共和国反食品浪费法》，再一次将防止浪费，弘扬中华民族传统美德，节约资源等提上了法律的高度。

在上面的案例中，欣欣将自己吃剩的饭菜直接倒进垃圾桶的行为是浪费的表现。我们青少年在实际生活中，应当学会勤俭节约，避免浪费，养成良好的生活习惯。

法条链接

《中华人民共和国宪法》

第十四条第二款 国家厉行节约，反对浪费。

13. 我国宪法中有关于保护名胜古迹的规定吗？

案例在线

暑假里，正正跟随父母到成都旅游。当他们到成都的杜甫草堂进行游览时，正正特别兴奋。正正非常喜欢李白和杜甫这两位诗人，特别是杜甫，他特别崇拜。在游览的过程中，正正想在杜甫草堂某个墙壁上刻下自己的名字，以纪念自己也来过这里。正正将自己的想法告诉了爸爸，爸爸告诉正正，这种行为是违法的，我们应当保护名胜古迹，而不能随意去破坏它。另外，爸爸告诉正正，在我们国家的宪法中也明确规定要保护名胜古迹。那么，宪法中真有这样的规定吗？

依法解析

我国《宪法》第二十二条第二款明确规定，国家保护名胜古迹、珍贵文物和其他重要历史文化遗产。由此可见，保护历史文化遗产是国家的义务和责任，因此，国家制定了相关的法律法规，以保护名胜古迹等历史文化遗产，减少人们对它们的破坏。

名胜古迹是历史遗留下来的产物，其不仅是物质的存在，也是精神的象征，它们是古代人民智慧的结晶，具有很高的文化价值和历史底蕴，我们每个人都有珍惜和爱护名胜古迹的义务。在现实生活中，仍然存在一些毁坏名胜古迹的现象，比如在旅游时，在名胜古迹上刻上“某某到此一游”、站在或靠在不许触碰的古迹上拍照等，这些都是对名胜古迹的破坏。

在上面的案例中，爸爸及时制止正正去刻字的行为，非常正确。正正应该听从爸爸的教诲，爱护名胜古迹，做保护名胜古迹的小先锋。

法条链接

《中华人民共和国宪法》

第二十二条第二款 国家保护名胜古迹、珍贵文物和其他重要历史文化遗产。

第2章 我和我的家庭

14. 父母离婚时都不想要孩子的抚养权，孩子跟谁？

案例在线

晓丹今年十岁，出生在一个重男轻女的家庭里。爸爸一心想要个儿子，总是责骂晓丹，抱怨晓丹挡了自己生儿子的路。奶奶也因为晓丹是个女孩，经常指使晓丹去干杂活，有什么不顺心的就打骂她出气。妈妈在生下晓丹后饱受冷眼，终于无法忍受折磨而决定离婚。在讨论晓丹的抚养权时，爸爸嫌弃晓丹是个女孩，不愿意抚养她；而妈妈认为，她以后再婚时晓丹会是个拖累，也不愿意要晓丹的抚养权。两人久久争执不下，决定到法院提起离婚诉讼。在这种情况下，晓丹的抚养权该如何确定呢？

依法解析

无论是从我国的道德文化还是从法律规定来看，抚养教育子女都是父母义不容辞的责任和义务。在我国《民法典》中，也规定了父母对子女的抚养义务，这种义务无法规避，也无法人为解除。即使是在父母离婚后，双方也均应对孩子承担养育的义务。

对于上面案例中父母都不想要孩子的抚养权的情形，《最高人民法院关于适用〈中华人民共和国民法典〉婚姻家庭编的解释（一）》第六十条作出了规定，在离婚诉讼期间，双方均拒绝抚养子女的，可以先行裁定暂由一方抚养。也就是说，即使父母在离婚时均不愿意抚养子女，法院也不会免除他们的抚养义务，而是会先裁定由一方抚养，再由双方结合孩子的意愿最终决定抚养权应当归谁。

在上面的案例中，晓丹的父母都不愿意抚养她，并向法院提起了离婚诉讼。这时，法院应当依据法律规定，先行裁定晓丹暂时由其父亲或母亲抚养。法院作出裁定后，晓丹也可以依据自己的意愿，来选择和谁一起生活。

法条链接

《最高人民法院关于适用〈中华人民共和国民法典〉婚姻家庭编的解释（一）》

第六十条 在离婚诉讼期间，双方均拒绝抚养子女的，可以先行裁定暂由一方抚养。

《中华人民共和国民法典》

第一千零八十四条第三款 离婚后，不满两周岁的子女，以由母亲直接抚养为原则。已满两周岁的子女，父母双方对抚养问题协议不成的，由人民法院根据双方的具体情况，按照最有利于未成年子女的原则判决。子女已满八周岁的，应当尊重其真实意愿。

15. 父母离婚后，孩子有权决定跟谁生活吗？

案例在线

菲菲今年九岁，父母长期在外工作，无法在菲菲身边照顾她，便将她托付给了奶奶。菲菲从小跟着奶奶一起长大，与奶奶的感情十分深厚。由于工作原因，菲菲的父母聚少离多，共同话题越来越少，感情也不复从前。经过认真讨论，菲菲的父母决定离婚。对于菲菲的抚养权问题，菲菲的父亲认为菲菲是个女孩，跟着母亲一起生活更为方便。菲菲的母亲有能力给菲菲提供良好的教育，她也乐于和菲菲一起生活。两人做好决定后，便将此事告诉了菲菲。菲菲与父母的感情不深，比起与母亲一起生活，她更想和奶奶在一起。在这种情况下，菲菲有权决定和谁一起生活吗？

依法解析

离婚不仅仅是夫妻之间婚姻关系的解除，还涉及包括孩子在内的一个家庭的分离。离婚时父母与子女之间的关系处理不当，很可能会给孩子的一生留下无法磨灭的伤害。因此，根据法律规定，当孩子有一定辨认能力后，夫妻离婚时孩子的抚养权究竟该如何确定，也应当听取孩子的意见。我国《民法典》第一千零八十四条第三款规定，夫妻离婚后，子女已满八周岁的，抚养权问题应当尊重其真实意愿。换言之，已满八周岁的孩子已经对父母离婚有了初步的概念，让孩子能够跟随其更喜欢的一方生活，也更有利于其健康成长。

在上面的案例中，菲菲已满九周岁，依据法律规定，她的父母在讨论抚养权问题时应当尊重菲菲的意愿。虽然菲菲的母亲有抚养菲菲的意愿，但是从菲菲的情感上来讲，她与奶奶的感情更加深厚，让她能够陪伴在奶奶身边是更有利于她成长的。因此，可以将此作为抚养权确定的参考，让菲菲的父亲取得抚养权。同时，菲菲的母亲不仅应当按时给付抚养费，还应当关注菲菲的情感需求，让菲菲感受到母爱。

法条链接

《中华人民共和国民法典》

第一千零八十四条第三款 离婚后，不满两周岁的子女，以由母亲直接抚养为原则。已满两周岁的子女，父母双方对抚养问题协议不成的，由人民法院根据双方的具体情况，按照最有利于未成年子女的原则判决。子女已满八周岁的，应当尊重其真实意愿。

16. 十五岁的学生是否能在父母未离婚时主张抚养费？

案例在线

小奇今年十五岁，是一名初三学生。父亲唐某每天不务正业，总是在外面和狐朋狗友鬼混，经常半个多月不回家。每个月发到他手里的工资，不到三天就能被他挥霍一空，维持家里生计和抚养小奇的责任便都落在了母亲应某一人身上。应某没什么学历，要挣钱只能卖苦力，经常到处找兼职，一个月连一天休息日都没有。在这样长年的劳作下，应某身体变得很差，总是感冒咳嗽，很久都不见好。小奇很是心疼母亲，但他不知道，在这种情形下，他有没有权利要求父亲给付抚养费呢？

依法解析

我国《民法典》第一千零六十七条第一款规定，父母不履行抚养义务的，未成年子女或者不能独立生活的成年子女，有要求父母给付抚养费的权利。从这条规定可以看出，抚养未成年子女是父母天然的义务，未成年子女被父母抚养是子女天然的权利。当未成年子女的此种权利无法得到保障时，法律允许其向父母主张抚养费来保证自己权利的行使。

同时，《最高人民法院关于适用〈中华人民共和国民法典〉婚姻家庭编的解释（一）》第四十三条规定，婚姻关系存续期间，父母双方或者一方拒不履行抚养子女义务，未成年子女或者不能独立生活的成年子女请求支付抚养费的，人民法院应予支持。也就是说，父母的婚姻关系是否存续并不会影响子女主张抚养费的权利。

在上面的案例中，小奇的父亲唐某不务正业，抚养小奇的义务全由小奇母亲应某一人承担，这是不符合法律规定的。即使唐某和应某并未离婚，小奇依然有权向法院提起诉讼，要求唐某承担抚养义务。当然，由于小奇还是未成年人，起诉的时候应由母亲代为起诉。

法条链接

《中华人民共和国民法典》

第一千零六十七条第一款 父母不履行抚养义务的，未成年子女或者不能独立生活的成年子女，有要求父母给付抚养费的权利。

《最高人民法院关于适用〈中华人民共和国民法典〉婚姻家庭编的解释（一）》

第四十三条 婚姻关系存续期间，父母双方或者一方拒不履行抚养子女义务，未成年子女或者不能独立生活的成年子女请求支付抚养费的，人民法院应予支持。

17. 私生子有要求生父母给付抚养费的权利吗？

案例在线

小鹏的母亲梁某在恋爱期间意外怀孕，男朋友严某不想承担责任，便让梁某去把孩子打掉，随后提出了分手。梁某不忍心打掉孩子，于是不顾父母的反对，坚持生下小鹏，并独自将他抚养长大。为了让小鹏能够健康成长，梁某吃了不少苦。梁某工资不高，一人抚养小鹏很吃力。再加上她生小鹏时落下了病根，时常腰痛。小鹏对于妈妈的辛苦是看在眼里，疼在心里，他十分想分担母亲的辛劳。为了让母亲能更轻松地抚养他，小鹏想知道，他可以要求父亲严某给付抚养费吗？

依法解析

非婚生子女，也就是民间所说的“私生子女”，是指非因合法的婚姻关系而诞生的子女。非婚生子女与父母同样具有血缘关系，父母应当对其负担抚养义务。根据我国《民法典》第一千零七十一条的规定，非婚生子女享有与婚生子女同等的权利，任何组织或者个人不得加以危害和歧视；不直接抚养非婚生子女的生父或生母，应当负担未成年子女的抚养费。也就是说，非婚生子女的生父或生母不得以子女并非在婚姻存续期内所生为由，而拒绝承担对子女的抚养义务。

在上面的案例中，小鹏的母亲梁某在恋爱期间怀孕，与严某尚未达成合法的婚姻关系，小鹏也自然就是非婚生子女。但是，小鹏依然享有和婚生子女同样的权利，其生父严某依然需要承担对小鹏的抚养义务。严某一直未履行抚养义务，小鹏有权向他主张抚养费；如果严某坚持不履行，小鹏的母亲也可以代小鹏向法院提起诉讼，要求严某向自己给付抚养费。

法条链接

《中华人民共和国民法典》

第一千零七十一条 非婚生子女享有与婚生子女同等的权利，任何组织或者个人不得加以危害和歧视。

不直接抚养非婚生子女的生父或者生母，应当负担未成年子女或者不能独立生活的成年子女的抚养费。

18. 孩子的父母死亡后，外祖父母有义务抚养他吗？

案例在线

聪聪诞生在一个父母恩爱的家庭中，从小在父母的关爱中长大。但是天有不测风云，聪聪七岁时，一家三口在出门游玩的途中遭遇了车祸，父母双双遇难，只有聪聪幸存了下来。父母去世后，该由谁来抚养聪聪成了一个问题。聪聪的爷爷已经去世，奶奶身体残疾，平时需要护工照料，无力抚养聪聪。外公外婆虽然有能力抚养聪聪，但他们认为，嫁出去的女儿泼出去的水，女儿出嫁后，就是外人了，他们自然没有照顾聪聪的义务。那么，在这种情形下，该由谁来照顾聪聪呢？

依法解析

我国《民法典》第一千零七十四条第一款规定，有负担能力的祖父母、外祖父母，对于父母已经死亡或者父母无力抚养的未成年孙子女、外孙子女，有抚养的义务。在孙子女、外孙子女痛失父母的情况下，祖父母、外祖父母作为近亲属，对其进行抚养，不仅是孩子健康成长的需要，也是我国道德和法律的要求。

在上面的案例中，聪聪的父母双亡，他的祖父母、外祖父母自然应当担负起抚养聪聪的责任。但是聪聪的奶奶身体残疾，抚养聪聪对她来说负担过重，她做出不抚养聪聪的决定，法律也不会对她过于苛责。聪聪的外公和外婆有抚养聪聪的能力，依据法律规定，就应当由他们来履行抚养聪聪的义务。

在当今社会，我们早已摒弃了过去重男轻女的落后思想，无论是儿子还是女儿，都是父母具有血缘关系的后代，是世界上最亲密的亲人。聪聪的外公外婆认为女儿和外孙是“外人”，他们对外孙并没有抚养义务，这种思想不仅是错误的、落后的，更是一种法律意识淡薄的表现。

法条链接

《中华人民共和国民法典》

第一千零七十四条第一款 有负担能力的祖父母、外祖父母，对于父母已经死亡或者父母无力抚养的未成年孙子女、外孙子女，有抚养的义务。

19. 父母怠于履行监护权的情况下，会被撤销监护人资格吗?

案例在线

小义的父亲去世得早，由母亲章某独自抚养他。章某生性爱玩，经常出入酒吧舞厅之类的娱乐场所，常常出去一星期都不回家。每次出门前，章某就将小义独自一人反锁在家中，只给他留下一些水和食物。章某在外面玩起来就忘了时间，不按照约定的时间回家是常有的事。小义的食物吃完后，只能趴在窗边，向过路的人要些食物果腹。时间一长，便有人将小义的情况告诉了居委会。居委会派工作人员对章某进行劝说，章某却表示，小义是她的儿子，她想怎么养就怎么养，别人管不着。在这种情况下，章某的监护权可以被撤销吗?

依法解析

我国《民法典》中规定，父母为未成年子女的监护人。但是，父母的监护权并不是一成不变的，在发生法律规定的特定情形时，父母的监护权依然会被撤销。《民法典》第三十六条第一款规定了三种导致监护人资格撤销的情形：第一，监护人实施严重损害被监护人身心健康的行为；第二，监护人怠于履行监护职责，或无法履行监护职责且拒绝将监护职责部分或者全部委托给他人，导致被监护人处于危困状态；第三，监护人实施严重侵害被监护人合法权益的其他行为。

从上面的规定可以看出，监护人在履行监护职责时应当以维护被监护人利益为准则，如果监护人使被监护人的利益遭到严重损害，法律就会撤销其监护权。

在上面的案例中，小义的母亲章某总是将小义独自留在家中，甚至连小义基本的食物需求都无法保障。章某怠于履行监护职责的行为已经严重侵害到了小义的权益，根据法律规定，有关个人或组织可以向人民法院提出申请，请求撤销章某对小义的监护权。

法条链接

《中华人民共和国民法典》

第三十六条第一款　监护人有下列情形之一的，人民法院根据有关个人或者组织的申请，撤销其监护人资格，安排必要的临时监护措施，并按照最有利于被监护人的原则依法指定监护人：

（一）实施严重损害被监护人身心健康的行为；

（二）怠于履行监护职责，或者无法履行监护职责且拒绝将监护职责部分或者全部委托给他人，导致被监护人处于危困状态；

（三）实施严重侵害被监护人合法权益的其他行为。

20. 关注未成年人的心理和情感需求也是监护人的职责吗？

案例在线

美美的父母经营了几家公司，平时工作非常忙，没什么时间和美美聊天。美美升入初三后，学习压力很大。她多次想和父母聊聊自己未来的规划，但是父母总是对她很敷衍，实在不耐烦了就用钱打发她，让她去买喜欢的东西。久而久之，美美有什么话都憋在心里，性格越来越内向，情绪也变得很不稳定。美美的班主任发现美美不太对劲，便给美美的父母打电话，要求他们带美美去医院检查一下。经过医生的诊断，美美被确诊为轻度抑郁症。美美的父母无法理解她为什么会患上抑郁症，他们明明已经给美美提供了最优渥的物质条件了。美美父母的想法正确吗？父母需要关注未成年子女的心理需求吗？

依法解析

作为监护人，父母仅仅满足子女的物质需求是不够的，关注未成年子女的心理和情感需求，保障未成年子女能够快乐、健康地成长，同样也是父母应该履行的职责。我国《未成年人保护法》第十六条中，规定了十种监护人应当履行的职责。在这些职责中，除了要满足未成年人基本的生活需求外，监护人还应当为未成年人提供各方面保障，关注未成年人各方面需求，对未成年人进行教育和引导，保障未成年人受教育的权利，等等。

从该条法律规定可以看出，父母与子女之间并不是冷冰冰的金钱关系。要想让子女能够无忧无虑地长大，需要父母为子女提供充足的爱，让孩子能够充分体会到安全感。在上面的案例中，美美的父母认为只要给美美提供了优渥的物质条件便万事大吉，完全忽视了美美作为未成年人需要父母关爱的精神需求。他们应当与美美多多沟通，这不仅能加强彼此间的信任，也能增进父母子女之间的感情，从而构建和谐的家庭氛围。

法条链接

《中华人民共和国未成年人保护法》

第十六条 未成年人的父母或者其他监护人应当履行下列监护职责：

（一）为未成年人提供生活、健康、安全等方面的保障；

（二）关注未成年人的生理、心理状况和情感需求；

（三）教育和引导未成年人遵纪守法、勤俭节约，养成良好的思想品德和行为习惯；

（四）对未成年人进行安全教育，提高未成年人的自我保护意识和能力；

（五）尊重未成年人受教育的权利，保障适龄未成年人依法接受并完成义务教育；

（六）保障未成年人休息、娱乐和体育锻炼的时间，引导未成年人进行有益身心健康的活动；

（七）妥善管理和保护未成年人的财产；

（八）依法代理未成年人实施民事法律行为；

（九）预防和制止未成年人的不良行为和违法犯罪行为，并进行合理管教；

（十）其他应当履行的监护职责。

21. 父母放任孩子沉迷网络游戏的行为，违法了吗？

案例在线

小格的父母工作很忙，平时主要由奶奶照顾他的饮食起居。奶奶对于小格这个唯一的孙子十分溺爱，小格要什么就给什么。每次小格的父母想要管教小格，也会被奶奶拦住。时间一久，小格父母为了不和奶奶起冲突，也就对小格的行为睁一只眼闭一只眼了。

最近，小格迷恋上了玩网络游戏，经常一玩就是一天，到了凌晨都不睡觉。奶奶担心小格近视，劝小格少玩游戏。小格嫌弃奶奶唠叨，便约了几个同学，一起前往网吧“开黑”。父母得知小格的行为后，也并没有要管教他的意思。父母放任小格沉迷网络游戏的行为，违法了吗？

依法解析

父母将子女带到这个世界上来，就应当担负起教育、引导子女的责任，不能对子女放任自流，充当“甩手掌柜”。为了更好地保障未成年人的权利，使未成年人能够健康成长，同时督促父母认真履行监护职责，我国《未成年人保护法》第十七条规定了未成年人的父母或者其他监护人不得实施的十一种行为。

在这十一种行为中，包括父母放任未成年子女沉迷网络、进入网吧等不适合未成年人活动的场所的行为。本案中，小格的父母明明知道小格沉迷网络游戏，与同学前往网吧，却对小格不管不问，这不仅有违为人父母的本分，也违反了法律的规定。小格的父母应当对小格进行教育，帮助小格摆脱网络的诱惑，让小格知道哪些才是未成年人适合进行的娱乐活动，引导小格回到正确的道路上来。

法条链接

《中华人民共和国未成年人保护法》

第十七条 未成年人的父母或者其他监护人不得实施下列行为：

（一）虐待、遗弃、非法送养未成年人或者对未成年人实施家庭暴力；

（二）放任、教唆或者利用未成年人实施违法犯罪行为；

（三）放任、唆使未成年人参与邪教、迷信活动或者接受恐怖主义、分裂主义、极端主义等侵害；

（四）放任、唆使未成年人吸烟（含电子烟，下同）、饮酒、赌博、流浪乞讨或者欺凌他人；

（五）放任或者迫使应当接受义务教育的未成年人失学、

辍学；

（六）放任未成年人沉迷网络，接触危害或者可能影响其身心健康的图书、报刊、电影、广播电视节目、音像制品、电子出版物和网络信息等；

（七）放任未成年人进入营业性娱乐场所、酒吧、互联网上网服务营业场所等不适宜未成年人活动的场所；

（八）允许或者迫使未成年人从事国家规定以外的劳动；

（九）允许、迫使未成年人结婚或者为未成年人订立婚约；

（十）违法处分、侵吞未成年人的财产或者利用未成年人牟取不正当利益；

（十一）其他侵犯未成年人身心健康、财产权益或者不依法履行未成年人保护义务的行为。

22. 共同居住的小姨有责任教育外甥吗？

案例在线

小露眼看自己即将大学毕业，便开始准备找工作。经过几轮面试，她被B市的一家公司录用。正巧小露的姐姐小梅在B市定居，为了节省房租，小露就住进了姐姐的家里。小梅与丈夫时常加班，总是没时间去接正在上一年级的儿子浩浩放学。由于小露的工作较为轻松，小梅便将接浩浩放学这项任务委托给了小露。小露在接浩浩回家后，还需要为浩浩辅导作业。可是浩浩的性格十分顽皮，总是不认真写作业，还对小露恶作剧。小露心想："浩浩又不是我的儿子，我又没义务照顾他，而且他也不听话，我还是别管他了。"小露的想法正确吗？

依法解析

本案中小露的想法不正确，她应当担负起帮助姐姐教育外甥的责任。根据我国《未成年人保护法》第十五条的规定，共同生活的其他成年家庭成员应当协助未成年人的父母或者其他监护人抚养、教育和保护未成年人。也就是说，共同生活的家庭成员之间应该互相帮助、互相关爱，已成年的家庭成员协助教育家庭中的未成年人是其义不容辞的法定义务。

在上面的案例中，小露与姐姐、姐夫共同生活，在姐姐和姐夫工作繁忙的情况下，帮助姐姐照顾外甥也是小露应该做的。从情理上讲，小露与姐姐互为姐妹，是除了父母以外最亲的亲人，帮助姐姐照顾孩子是情理之中的事。从法律上讲，小露协助姐姐照顾外甥是法律规定的义务，小露不应因一时情绪就对外甥不管不顾。

法条链接

《中华人民共和国未成年人保护法》

第十五条 未成年人的父母或者其他监护人应当学习家庭教育知识，接受家庭教育指导，创造良好、和睦、文明的家庭环境。

共同生活的其他成年家庭成员应当协助未成年人的父母或者其他监护人抚养、教育和保护未成年人。

23. 父母让十三岁的哥哥独自在家照顾五岁的妹妹，是合法的吗？

案例在线

小守今年十三岁，刚刚升上初一，还有一个年仅五岁的妹妹可可。小守的父母工作非常忙，经常要加班，平时小守总是主动帮助父母照顾妹妹。一天，小守父亲下班后，刚和孩子们吃完晚饭，就接到了公司打来的电话。领导在电话里表示，公司出现了紧急情况，需要小守父亲到公司值夜班，到明天早上才能回家。小守母亲此时正在外地出差，小守父亲去公司后，家里就只剩下小守和可可了。无奈之下，小守父亲只能在临走前嘱咐小守照顾可可。小守父亲让小守独自在家照顾可可的行为，是符合法律规定的吗？

依法解析

当父母临时有事无法照顾未成年子女时，是可以将子女暂时托付给他人照顾的。但是，法律对临时照护人的条件作出了相应的规定。我国《未成年人保护法》第二十一条第一款规定，未成年人的父母或者其他监护人不得使未满八周岁或者由于身体、心理原因需要特别照顾的未成年人处于无人看护状态，或者将其交由无民事行为能力、限制民事行为能力、患有严重传染性疾病或者其他不适宜的人员临时照护。从这条规定可以看出，父母在为子女挑选临时照护人时，应当注意照护人是否具有完全民事行为能力。

本案中，小守只有十三岁，依据法律规定，他还不具备完全民事行为能力，仍是一名限制民事行为能力人。作为未成年人，小守虽然愿意帮助父母照顾妹妹，但客观上他还不具备照顾妹妹的能力，小守父亲也不能将可可和小守独自留在家中。他可以联系其他亲属照顾可可，没有其他亲属帮忙照看时，他也可以寻求居委会的帮助。

法条链接

《中华人民共和国未成年人保护法》

第二十一条第一款 未成年人的父母或者其他监护人不得使未满八周岁或者由于身体、心理原因需要特别照顾的未成年人处于无人看护状态，或者将其交由无民事行为能力、限制民事行为能力、患有严重传染性疾病或者其他不适宜的人员临时照护。

24. 十四岁的中学生可以离开父母独自居住吗？

案例在线

小昆三岁时，母亲因病离开了人世，从此便由父亲张某独自抚养他。张某担心，小昆成长过程中没有母亲的教导会学坏，于是对小昆格外严厉，小昆一犯错误就会对他进行棍棒教育。但是，在这样的教育下，小昆反而养成了叛逆的性格，总是跟张某对着干。

升上初二后，小昆觉得自己已经长大了，是时候脱离张某的“魔爪”了，便向张某提出要自己一个人出去住。张某心想：“也该给这臭小子一个教训，让他知道他自己一个人什么也干不成。”

于是，经张某同意后，小昆独自从家中搬了出去。那么，从法律的角度看，小昆可以离开父亲独自居住吗？

依法解析

本案中的小昆是不能离开父亲独自居住的。我国《未成年人保护法》第二十一条第二款规定，未成年人的父母或者其他监护人不得使未满十六周岁的未成年人脱离监护单独生活。未满十六周岁的未成年人在生理和心理上都还不成熟，独自在外生活不仅容易发生难以预料的意外，也很容易被社会上的种种不良风气诱导，从而走上歪路。因此，未成年人在十六周岁以前，格外需要监护人的引导与教育，法律也由此作出了限制未成年人独自居住的规定。

上面案例中的小昆只是一名初二学生，对于社会的认知还很有限，他的心理也并不如自己想象得那样成熟。想要独自居住只是小昆在青春叛逆期的一时冲动，作为父亲，张某不能放任小昆的冲动行为。他应当对小昆动之以情，晓之以理，让小昆明白他作为父亲的良苦用心。同时，张某也应该改掉自己棍棒教育的理念，多和小昆沟通，了解小昆的心理，让小昆充分感受到父爱。

法条链接

《中华人民共和国未成年人保护法》

第二十一条第二款 未成年人的父母或者其他监护人不得使未满十六周岁的未成年人脱离监护单独生活。

25. 父母在外务工时，应当怎样为孩子挑选看护人？

案例在线

小娜就读于一所山村中学，是一名初三学生。从小学开始，小娜的学习成绩就很突出，每位老师都夸奖小娜是个可造之才，今后一定能走出山村考上大学。父亲齐某得知老师对小娜的夸赞后，又喜又忧。齐某骄傲于小娜的优秀，但又担心以务农为生的自己无法负担小娜日后上大学的费用。为了能给小娜攒出学费，齐某与妻子商量后，决定两人一起进城打工。离开前，齐某决定为小娜挑选一个看护人。那么，齐某在挑选看护人时应该注意什么呢？具有哪些情形的人不能成为未成年人的看护人呢？

依法解析

依据我国法律规定，子女的监护权原则上由父母履行，父母因外出务工等原因在一定期限内不能完全履行监护职责的，应当委托他人对子女代为照护。根据《未成年人保护法》第二十二条的规定，未成年人的监护人在确定被委托人时，应当综合考虑其道德品质、家庭状况、身心健康状况、与未成年人生活情感上的联系等情况，并听取有表达意愿能力未成年人的意见。换言之，在为子女选定照护人时，并不能由父母单方面决定，还需要考虑子女本身的意愿。

在这条法律规定中，同时规定了不得作为被委托人的情形，包括曾实施过违法犯罪行为，或有吸毒、酗酒、赌博等恶习，或曾拒不履行或者长期怠于履行监护、照护职责，等等。本案中，小娜的父亲齐某在为小娜挑选照护人时，也应当遵守法律的规定，听取小娜的意见，同时排除法律中不得作为委托人的人选，以保护小娜的身心健康。

法条链接

《中华人民共和国未成年人保护法》

第二十二条 未成年人的父母或者其他监护人因外出务工等原因在一定期限内不能完全履行监护职责的，应当委托具有照护能力的完全民事行为能力人代为照护；无正当理由的，不得委托他人代为照护。

未成年人的父母或者其他监护人在确定被委托人时，应当综合考虑其道德品质、家庭状况、身心健康状况、与未成年人生活情感上的联系等情况，并听取有表达意愿能力未成年人的意见。

具有下列情形之一的，不得作为被委托人：

（一）曾实施性侵害、虐待、遗弃、拐卖、暴力伤害等违法犯罪行为；

（二）有吸毒、酗酒、赌博等恶习；

（三）曾拒不履行或者长期怠于履行监护、照护职责；

（四）其他不适宜担任被委托人的情形。

26. 父母外出打工将孩子托付给他人看护，就万事无忧了吗？

案例在线

小雅的父母都在外企上班。今年年初，公司下达通知，要将两人调到国外的总部工作，两年后才能回来。出国前，父母将小雅托付给外婆照顾。小雅长到八岁，还是第一次与父母长时间分开，十分想念他们。但是父母工作很忙，再加上国内和国外的时差问题，小雅经常好几个月都无法和父母通电话。久而久之，小雅有种被父母抛弃的失落感，经常在晚上做噩梦，成绩也一落千丈。老师发现小雅的异样后，积极与小雅父母沟通。小雅父母却表示，他们已经将小雅托付给了外婆，让老师有事与小雅外婆联系。小雅父母将小雅托付给外婆后便对小雅不管不顾的行为，是正确的吗?

依法解析

作为父母，始终对子女的成长担负着最大的责任。虽然法律允许外出务工的父母将子女委托给他人照护，但这并不代表父母就可以对子女的情况毫不过问。我国《未成年人保护法》第二十三条规定，父母应当及时将委托照护情况书面告知未成年人所在学校和实际居住地的居民委员会，加强和未成年人所在学校的沟通；与未成年人、被委托人至少每周联系和交流一次，了解未成年人的生活、学习、心理等情况，并给予未成年人亲情关爱。同时，父母在接到被委托人、居民委员会、学校等关于未成年人心理、行为异常的通知后，应当及时采取干预措施。

从这条规定可以看出，父母将未成年子女托付给他人后，依旧应当照常履行监护职责，关注子女的身心健康，让子女感受到来自父母的关爱。在上面的案例中，小雅的父母将小雅托付给外婆照顾后，便认为万事大吉，对小雅的情况毫不过问，接到老师关于小雅心理异常的通知后也并未采取干预措施。他们的行为是对小雅的严重不负责任，并没有尽到作为父母该尽的责任。小雅的父母应当立即与小雅取得联系，关注小雅的近况，帮助小雅解决心理问题，让小雅更有安全感。

法条链接

《中华人民共和国未成年人保护法》

第二十三条 未成年人的父母或者其他监护人应当及时将委托照护情况书面告知未成年人所在学校、幼儿园和实际居住地的居民委员会、村民委员会，加强和未成年人所在学校、幼儿园的沟通；与未成年人、被委托人至少每周联系和交流一次，了解未成年人的生活、学习、心理等情况，并给予未成年人亲情关爱。

未成年人的父母或者其他监护人接到被委托人、居民委员会、村民委员会、学校、幼儿园等关于未成年人心理、行为异常的通知后，应当及时采取干预措施。

第3章 我和我的学校

27. 因突发泥石流未能按时到大学报到，还能被大学录取吗?

案例在线

小魏家世世代代都住在深山里，为了走出大山，小魏努力学习，终于成功考上了大学。在收到录取通知书的那天，全村人都来到小魏家里为他庆祝。就在大学报到日的前三天，小魏家乡突然下起了特大暴雨，导致山体滑坡，发生了泥石流。泥石流冲断了通往外界的唯一一条道路，小魏不仅无法前往大学报到，由于暴雨的影响，山里的信号塔损坏，小魏也无法向学校请假。眼看着日子一天天过去，大学已经开学一星期了。小魏心急如焚，他想知道，他这样迟迟无法到校报到，还能被大学录取吗?

依法解析

我国《普通高等学校学生管理规定》第八条规定，按国家招生规定录取的新生，持录取通知书，按学校有关要求和规定的期限到校办理入学手续。因故不能按期入学的，应当向学校请假。未请假或者请假逾期的，除因不可抗力等正当事由以外，视为放弃入学资格。从这条规定可以看出，学生有义务按照录取通知书上规定的日期到学校报到，因故不能按时报到时，应当及时向学校请假，但因不可抗力造成的延期报到可以不受本条规定限制。

所谓不可抗力，是指不能预见、不能避免且无法克服的客观情况。台风、地震、洪水等自然灾害都属于不可抗力的范畴。在上面的案例中，小魏的家乡突发特大暴雨，引发了泥石流，导致他无法到校报到，也无法向学校请假。由于小魏遭遇了无法预见且无法避免的自然灾害，依据法律规定，即使未能按时到校报到，小魏也不会失去录取资格。当不可抗力因素消除后，小魏应当及时前往学校报到，并向学校说明自己未能及时报到的原因。

法条链接

《普通高等学校学生管理规定》

第八条 按国家招生规定录取的新生，持录取通知书，按学校有关要求和规定的期限到校办理入学手续。因故不能按期入学的，应当向学校请假。未请假或者请假逾期的，除因不可抗力等正当事由以外，视为放弃入学资格。

28. 学校可以占用文体课程时间来提升学生的文化课成绩吗？

案例在线

小舟在一所重点高中读高二，由于今年高考分数线提高，为了让更多的学生考上大学，学校决定采取高压学习政策。学校取消了所有的文体课程，以各种文化类课程取而代之。学生们整天坐在教室里闷头学习，得不到放松，心情高度紧张，许多人都因为压力过大生了病。因为没有课外活动时间，每天高强度用眼，才短短不到一年的时间，小舟的近视就加深了三百度。时间一长，学生们因为休息时间得不到保证，上课时无法集中精神，成绩反而下滑了，学生们苦不堪言。那么，学校这种占用文体课程时间来提升学生文化课成绩的行为，是合法的吗？

依法解析

我国《义务教育法》第三十七条规定，学校应当保证学生的课外活动时间，组织开展文化娱乐等课外活动。社会公共文化体育设施应当为学校开展课外活动提供便利。《未成年人保护法》第三十三条第一款规定，学校应当与未成年学生的父母或者其他监护人互相配合，合理安排未成年学生的学习时间，保障其休息、娱乐和体育锻炼的时间。这两条规定都表达出同一个中心思想，就是学生的课外活动时间与学生的学习时间同样重要，都应当得到保障。

俗话说，身体是革命的本钱。只有身体健康，学生的学习生活才能顺利进行。本案中，小舟的学校不能为了提高学生的文化课成绩便对学生所有的文体课程“一刀切”，这种行为会加重学生的心理压力，进而使学生的身体状况出现问题。学校应当改变现阶段的课程安排，重视起学生的课外活动和文化娱乐需求，保障学生的身心健康。

法条链接

《中华人民共和国义务教育法》

第三十七条　学校应当保证学生的课外活动时间，组织开展文化娱乐等课外活动。社会公共文化体育设施应当为学校开展课外活动提供便利。

《中华人民共和国未成年人保护法》

第三十三条第一款　学校应当与未成年学生的父母或者

其他监护人互相配合，合理安排未成年学生的学习时间，保障其休息、娱乐和体育锻炼的时间。

29. 学校开展劳动课程也是法律所规定的吗?

案例在线

小永今年十岁，是一名小学生。每周一、三、五的最后一节课，学校都会安排学生们上一节劳动课。在课上，老师会教学生们做一些力所能及的日常劳动。在劳动课上，小永学会了自己叠衣服，还学会了怎样在花盆里种花。对于一些小手工，小永也十分得心应手。但是，小永的妈妈却认为学校要求学生上劳动课是浪费时间，有这个时间，还不如早点让学生放学，去上一些课外补习班。于是，小永妈妈向教育局反映，要求学校取消劳动课程。没想到，教育局却回复说，上劳动课符合法律的要求，无法取消。小永的妈妈对此将信将疑。那么，学校开展劳动课程真的是法律所规定的吗?

依法解析

在当今社会，建设国家需要德智体美劳等全面发展的素质型人才，除了其他常规课程外，劳动课程也应当被学校和学生重视起来。我国《未成年人保护法》第三十一条规定，学校应当组织未成年学生参加与其年龄相适应的日常生活劳动、生产劳动和服务性劳动，帮助未成年学生掌握必要的劳动知识和技能，养成良好的劳动习惯。也就是说，学校安排劳动课程不仅仅是教学安排的要求，更是法律规定学校必须履行的义务。

我国的根本大法《宪法》第四十二条第一款规定，中华人民共和国公民有劳动的权利和义务。作为中国的公民，每个人都应当积极参与劳动。学校有着引导学生树立正确人生观和价值观的责任，更应当担负起引导学生会劳动、爱劳动的重任。

本案中，小永所在的学校安排了劳动课程，并且教会了学生许多劳动技能，是符合法律要引导的价值取向的。作为学生家长，小永的妈妈也应当积极配合学校，以身作则，让小永更加热爱劳动。

法条链接

《中华人民共和国宪法》

第四十二条第一款 中华人民共和国公民有劳动的权利和义务。

《中华人民共和国未成年人保护法》

第三十一条 学校应当组织未成年学生参加与其年龄相适应的日常生活劳动、生产劳动和服务性劳动，帮助未成年学生掌握必要的劳动知识和技能，养成良好的劳动习惯。

30. 学校强制要求学生购买网课，是合法的吗?

案例在线

小跃在一所国际中学念初一，平时，学校非常注重学生们的英语成绩。市里将要举办一场英语比赛，要求每所学校派出十名学生参加比赛。由于小跃英语成绩优异，他便理所当然地被选入了参赛的学生之列。为了打响学校的名号，日后能更好地招生，学校要求参赛的学生们一定要在这次比赛中获奖。于是，学校硬性要求，所有准备参赛的学生必须购买学校官方客户端推荐的线上英语课程。为了取得更好的成绩，小跃只能购买了线上课程。那么，学校这种强制要求学生购买网课的行为，是否符合法律的规定呢?

依法解析

作为学校，应当遵守学校的本职，不应借助学校的优势地位强迫或变相强迫学生购买商品或服务。我国《义务教育法》第二十五条规定，学校不得违反国家规定收取费用，不得以向学生推销或者变相推销商品、服务等方式谋取利益。《未成年人保护法》第三十八条第一款规定，学校、幼儿园不得安排未成年人参加商业性活动，不得向未成年人及其父母或者其他监护人推销或者要求其购买指定的商品和服务。未成年人还不具有完全的认识能力，对学校有着天然的信赖，学校应当保护学生、尊重学生，不得借此谋取利益。

在上面的案例中，学校为了在英语竞赛上取得更好的成绩，强行要求学生购买线上课程，这种行为已经违反了法律的规定，小跃有权拒绝学校的要求。学校希望提高学生英语成绩的出发点可以理解，但应当采取其他方式，而不是直接要求学生购买网课。例如，学校可以请英语老师在课后为参赛学生补课，也可以让学生自行前往书店购买教辅资料等。

法条链接

《中华人民共和国义务教育法》

第二十五条 学校不得违反国家规定收取费用，不得以向学生推销或者变相推销商品、服务等方式谋取利益。

第五十六条第二款 学校以向学生推销或者变相推销商品、服务等方式谋取利益的，由县级人民政府教育行政部门给予通报批评；有违法所得的，没收违法所得；对直接负责的主管人员和其他直接责任人员依法给予处分。

《中华人民共和国未成年人保护法》

第三十八条第一款 学校、幼儿园不得安排未成年人参加商业性活动，不得向未成年人及其父母或者其他监护人推销或者要求其购买指定的商品和服务。

31. 学校与校外培训机构合作开展课后有偿辅导，是否违法？

案例在线

小帅是一名初三学生。升上初三后，许多同学都选择参加课外辅导班，来提升自己的成绩。学校了解情况后，向学生下达了一纸通知，表示学校正在和校外某培训机构合作开设课后辅导班，将派驻本校教师前往授课，有意愿的学生可以报名参加，每月费用一千五百元。小帅的父母得知此消息后，认为学校的老师在辅导班授课能与学校课程更好地衔接，便立刻为小帅报了名。最终，整个初三年级有一大半学生都报名参加了学校组织的课后辅导班，学校也因此挣了不少“外快”。学校与校外培训机构合作开展有偿课后辅导的行为，是否违反法律的规定呢？

依法解析

根据《未成年人保护法》第三十八条第二款的规定，学校不得与校外培训机构合作为未成年人提供有偿课程辅导。从这条规定可以看出，本案中小帅的学校与校外培训机构合作开设课后辅导班的行为并不符合法律的规定。《教育法》第八条第一款规定，教育活动必须符合国家和社会公共利益。也就是说，学校和老师应当以教书育人为己任，不能搞利益至上。而小帅学校的行为并不符合本条法规的立法精神。

同时，《义务教育法》第五条第三款规定，依法实施义务教育的学校应当按照规定标准完成教育教学任务，保证教育教学质量。学校要求学生报名有偿课后辅导班的行为，实质上是将保证教学质量的一部分责任分散给了学生本人以及学生家长，增加了学生的学习压力和家庭负担，是违反义务教育制度的要求的。广大学生和学生家长应当联合起来，与这种行为做抗争，学校也应当认识到自己的错误，重新担负起保障教学质量的责任。

法条链接

《中华人民共和国教育法》

第八条第一款 教育活动必须符合国家和社会公共利益。

《中华人民共和国未成年人保护法》

第三十八条第二款 学校、幼儿园不得与校外培训机构合作为未成年人提供有偿课程辅导。

《中华人民共和国义务教育法》

第五条第三款 依法实施义务教育的学校应当按照规定标准完成教育教学任务，保证教育教学质量。

32. 学生违反校规时，学校可以对其进行罚款吗?

案例在线

小驰是一名初中生。学校规定，学生在校期间内要遵守仪容仪表规范，不得染发烫发，如有违反规定者，罚款十元。寒假时，小驰去电影院看了一部电影。电影中的男主角潇洒帅气，令小驰十分佩服。为了更加贴近心目中“男神”的形象，小驰也模仿电影里的人物，染了一头金发。

开学后，小驰顶着自己的满头金发来到学校。还没进校门，就被查纪律的老师拦下。老师要求小驰回家将头发染回黑色，并按照校规对小驰进行了十元的罚款。学校对违反校规的学生进行罚款的行为，符合法律的规定吗?

依法解析

要解决本案例中涉及的问题，首先要看学校是否具有罚款的权限。根据我国《行政处罚法》第九条第二项的规定，罚款是行政处罚的种类之一，是对违反行政处罚法的行为人进行行政处罚的一种手段。同时,《行政处罚法》第十七条规定，行政处罚由具有行政处罚权的行政机关在法定职权范围内实施。从这条规定可以看出，只有具有行政处罚权的行政机关，才能用罚款的方式对他人进行惩戒。并且，行政机关在行使这种权利时，不得超出法定职权范围。

根据我国《中共中央、国务院关于分类推进事业单位改革的指导意见》第九条的内容可知，学校应当被划分为从事公益服务的事业单位，而不是国家行政机关。也就是说，学校实际上并不具有对他人实施罚款的权利。

在上面的案例中，小驰就读的学校规定对染发的学生进行罚款，这种行为实际上已经违反了《行政处罚法》的规定。对于学生的违规违纪行为，学校应当以批评教育为主，不得擅自对学生实施罚款、限制人身自由等行政处罚措施。

法条链接

《中华人民共和国行政处罚法》

第九条 行政处罚的种类：

……

（二）罚款、没收违法所得、没收非法财物；

……

第十七条 行政处罚由具有行政处罚权的行政机关在法定职权范围内实施。

《中共中央、国务院关于分类推进事业单位改革的指导意见》

9. 细分从事公益服务的事业单位。根据职责任务、服务对象和资源配置方式等情况，将从事公益服务的事业单位细分为两类：承担义务教育、基础性科研、公共文化、公共卫生及基层的基本医疗服务等基本公益服务，不能或不宜由市场配置资源的，划入公益一类；承担高等教育、非营利医疗等公益服务，可部分由市场配置资源的，划入公益二类。具体由各地结合实际研究确定。

33. 老师有意无意地孤立学生，违法了吗？

案例在线

小河从小发育就比普通小朋友要迟缓一些，学起新知识来也总是很慢。一转眼，小河就到了该上学的年纪。一个学年结束后，小河明显落后于其他同学。班主任经常在课后为小河补课，但是小河的领悟力比较差，总是抓不住学习的窍门。久而久之，班主任对小河失去了耐心，总是在课堂上说小河成绩差，是扶不起的阿斗，明里暗里地暗示其他同学不要像小河那样，仿佛视小河为异类，导致同学们都不愿和小河交往。时间一长，敏感的小河发现自己被孤立，十分伤心，性格也越来越内向了。小河的班主任这种有意无意地孤立学生的行为，违法了吗？

依法解析

作为教师，对每一个学生一视同仁是最基本的职业道德要求。根据我国《未成年人保护法》第二十九条第一款的规定，学校应当关心、爱护未成年学生，不得因学习能力差而歧视学生；对学习有困难的学生，应当提供关爱。从这条规定可以看出，关心、爱护学习能力较差的学生，是学校及教职工的法定义务，学校及教职工必须严格遵守，不得对学生有任何歧视行为。

同时，《中小学教育惩戒规则（试行）》第十二条规定，教师在教育教学管理过程中，不得对学生实施刻意孤立等间接伤害学生心理的变相体罚。在上面的案例中，小河的班主任因为小河领悟力较差、学习成绩落后便对小河带有偏见，从而有意无意地孤立小河。这种行为严重违背了教师的职业道德，同时也在一定程度上有违背法律规定的成分。“有意无意地孤立”和“刻意孤立”，虽然是有些不同的，但是如果不悬崖勒马，照样会伤害到学生。对于学习困难的学生，老师应当秉持耐心负责的教育理念，鼓励其他同学与小河结伴学习，共同帮助小河提高成绩。

法条链接

《中华人民共和国未成年人保护法》

第二十九条第一款 学校应当关心、爱护未成年学生，不得因家庭、身体、心理、学习能力等情况歧视学生。对家庭困难、身心有障碍的学生，应当提供关爱；对行为异常、学习有困难的学生，应当耐心帮助。

《中小学教育惩戒规则（试行）》

第十二条 教师在教育教学管理、实施教育惩戒过程中，不得有下列行为：

（一）以击打、刺扎等方式直接造成身体痛苦的体罚；

（二）超过正常限度的罚站、反复抄写，强制做不适的动作或者姿势，以及刻意孤立等间接伤害身体、心理的变相体罚；

（三）辱骂或者以歧视性、侮辱性的言行侵犯学生人格尊严；

（四）因个人或者少数人违规违纪行为而惩罚全体学生；

（五）因学业成绩而教育惩戒学生；

（六）因个人情绪、好恶实施或者选择性实施教育惩戒；

（七）指派学生对其他学生实施教育惩戒；

（八）其他侵害学生权利的。

34. 老师指派学生对其他学生实施教育惩戒，是合法的吗？

案例在线

小福今年十岁，是一名小学四年级的学生。上周五的语文课上，语文老师要求大家在周末将新学的课文背诵下来，周一要统一检查。周末两天，小福的父母带他去了乡下的奶奶家，由于玩得过于开心，小福将背课文的事情忘得一干二净。周一的语文课上，全班同学只有小福没能将课文背诵下来。语文老师见小福只顾着贪玩，却没有背书，十分生气，便指派班长在课下用教具木尺打十下小福的手心。挨了打的小福十分委屈，他想知道，语文老师这种行为，是符合法律规定的吗？

依法解析

在教育教学管理过程中，对于犯错的学生，老师有权对其进行教育惩戒。但是，老师应当在法律规定的范围内实施教育惩戒，而不能随心所欲、肆意妄为。《中小学教育惩戒规则（试行）》第十二条对老师的教育惩戒权进行了一系列限制，在本条规定中，老师指派学生对其他学生实施教育惩戒是违反法律规定的。也就是说，教育惩戒权是法律赋予老师的权利，老师不能任意将这项权利让渡给学生，让学生代为行使。

同时，对学生实施以击打等方式直接造成身体痛苦的体罚也是为法律所禁止的。体罚不仅会使学生的身体遭受痛苦，还会使学生感到心理上的耻辱。体罚不仅无法达到教育惩戒的目的，还会给学生带来伤害，应当是每一位遵守师德的老师所严厉摒弃的。

在上面的案例中，小福没有完成背诵课文的课后任务，语文老师对他进行惩罚也理所应当。但是，语文老师应当采取更加科学合理的方式，在让小福吸取教训的同时，还应当考虑到小福作为未成年人较为脆弱的身心状况。

法条链接

《中小学教育惩戒规则（试行）》

第十二条 教师在教育教学管理、实施教育惩戒过程中，不得有下列行为：

（一）以击打、刺扎等方式直接造成身体痛苦的体罚；

……

（七）指派学生对其他学生实施教育惩戒；

（八）其他侵害学生权利的。

35. 学生扰乱课堂秩序时，老师有权对他进行教育惩戒吗？

案例在线

小市从小就活泼好动，一刻都闲不下来。今年秋天，小市成了一名一年级的小学生。在课堂上，小市不习惯安静地坐在座位上，总是想和身边的同学说话，还时不时离开座位去看其他同学在干什么。班主任多次提醒小市，要求他坐在座位上认真听课，但是小市总是静不下心。于是，班主任便联系了小市的妈妈，表示为了教育小市，放学后要小市留下来，和值日生一起为班里打扫卫生。小市妈妈听完很生气，觉得小市还小，班主任这样做是在体罚学生。那么，班主任究竟有没有权利对小市实施教育惩戒呢？

依法解析

未成年人年龄尚小，还对这个世界没有充足的认识，没有自己独立的三观，也有很多道理无法理解。在某些情况下，比起单纯的口头教育，一些适当的教育惩戒措施能够更好地帮助未成年人成长。《中小学教育惩戒规则（试行）》第七条规定，学生扰乱课堂秩序的，教师应当予以制止并进行批评教育，确有必要的，可以实施教育惩戒。在上面的案例中，小市活泼好动，在课堂上过于调皮，不仅自己不认真听讲，还打扰了别人。班主任在多次提醒小市无果的情况下，是可以对小市进行一定的教育惩戒措施的。

《中小学教育惩戒规则（试行）》第八条还规定，教师在课堂教学和日常管理中，对于违纪学生，可以要求其适当增加额外的班级公益服务任务。班主任要求小市在放学后和值日生一起打扫卫生，这是一种为班集体服务的行为，并没有超出合理限度，符合法律的规定。小市的妈妈也不应因为心疼儿子而打乱老师的教育规划，而应当积极配合老师，帮助小市认识到自己的错误。

法条链接

《中小学教育惩戒规则（试行）》

第七条 学生有下列情形之一，学校及其教师应当予以制止并进行批评教育，确有必要的，可以实施教育惩戒：

（一）故意不完成教学任务要求或者不服从教育、管理的；

（二）扰乱课堂秩序、学校教育教学秩序的；

（三）吸烟、饮酒，或者言行失范违反学生守则的；

（四）实施有害自己或者他人身心健康的危险行为的；

（五）打骂同学、老师，欺凌同学或者侵害他人合法权益的；

（六）其他违反校规校纪的行为。

学生实施属于预防未成年人犯罪法规定的不良行为或者严重不良行为的，学校、教师应当予以制止并实施教育惩戒，加强管教；构成违法犯罪的，依法移送公安机关处理。

第八条 教师在课堂教学、日常管理中，对违规违纪情节较为轻微的学生，可以当场实施以下教育惩戒：

（一）点名批评；

（二）责令赔礼道歉、做口头或者书面检讨；

（三）适当增加额外的教学或者班级公益服务任务；

（四）一节课堂教学时间内的教室内站立；

（五）课后教导；

（六）学校校规校纪或者班规、班级公约规定的其他适当措施。

教师对学生实施前款措施后，可以以适当方式告知学生家长。

36. 学生吸烟、打骂同学的，学校可以对其进行教育惩戒吗？

案例在线

初中毕业后，小帆去了市里的职业高中读书。进入高中后，小帆整天和学校里的“坏学生”混迹在一起，甚至学会了吸烟喝酒，还经常霸凌其他同学。对于小帆等人的行为，学校对他们进行了多次教育惩戒，可小帆这些人始终屡教不改。并且，小帆等人认为，他们是未成年人，应当受到保护，学校对他们的教育惩戒是无效的，他们当然可以不遵守。那么，对于小帆他们这样的学生，学校有权进行教育惩戒吗？

依法解析

学校是教书育人、帮助学生树立正确三观的场所。对于实施了不良行为、违反校规校纪的学生，学校当然有权利对其进行教育惩戒。根据《中小学教育惩戒规则（试行）》第七条的规定，学生吸烟、饮酒、打骂同学、欺凌同学的，学校及其教师应当予以制止并进行批评教育，确有必要的，可以实施教育惩戒。从这条规定可以看出，对于犯下严重错误的学生，对其进行教育惩戒是法律赋予学校和老师的权利，学生应当及时改正自己的错误，遵守学校的管理制度。

在上面的案例中，小帆等人染上了吸烟、饮酒的恶习，还时不时欺凌同学，他们的行为已经严重违反了学校的规定，学校有对他们进行教育惩戒的权利。由于小帆等人已经是高中生了，应当对自己的行为有了一定的认识，当他们违反校规并屡教不改时，学校也可以依据《中小学教育惩戒规则（试行）》第十条第二款的规定，给予其警告、严重警告、记过或者留校察看，甚至是开除的纪律处分。

法条链接

《中小学教育惩戒规则（试行）》

第七条 学生有下列情形之一，学校及其教师应当予以制止并进行批评教育，确有必要的，可以实施教育惩戒：

……

（三）吸烟、饮酒，或者言行失范违反学生守则的；

……

（五）打骂同学、老师，欺凌同学或者侵害他人合法权益的；

……

第十条第二款 对违规违纪情节严重，或者经多次教育惩戒仍不改正的学生，学校可以给予警告、严重警告、记过或者留校察看的纪律处分。对高中阶段学生，还可以给予开除学籍的纪律处分。

37. 学校对学生采取全封闭式管理，除了吃饭睡觉就是学习，违法了吗？

案例在线

小舒家在农村，为了接受更好的教育，小舒报考了镇上的全封闭住宿制高中。这所高中的管理非常严格。为了提高升学率，再加上很多学生离家很远，频繁回家多有不便，为了避免学生在校外发生意外，学校规定学生只能待在校内，不得任意出校。平时，学校每隔一个月才允许学生回家两天，其余时间都要在学校上文化课，学生没有什么娱乐时间。时间一久，小舒觉得自己丝毫没有人身自由，除了吃饭睡觉就是学习，太枯燥了。学校这样的做法是否符合法律的规定呢？

依法解析

根据我国《义务教育法》第三十七条以及《未成年人保护法》

第三十三条第一款的规定，学校应当与未成年学生的监护人互相配合，合理安排未成年学生的学习时间，组织开展文化娱乐等课外活动，保障其休息、娱乐和体育锻炼的时间。也就是说，学校要求学生只能在校内“死学习”，除了吃饭睡觉就是学习，这样的做法是不可取的，这种行为既违反法律的规定，也不利于学生的身心健康。当然，对于学校的全封闭式管理，法律并没有给予禁止，但是学校要注意应当给予学生一定的娱乐空间和时间。特别是未成年人的身体还在发育过程中，为保证未成年人健康成长，充足的休息时间与户外锻炼时间更是必不可少的。

本案中，小舒的学校每隔一个月才允许学生回家两天，其余时间没有假期，这是不对的，学校也没有给学生安排相应的课外活动时间，更是与法律规定相悖。如果考虑到很多孩子回家路途远，一周放一次假多有不便，那么学校可以组织在校园开展一些假期活动，既能保证安全，又能让学生们多多参与一些文化娱乐活动，从而做到劳逸结合。

法条链接

《中华人民共和国义务教育法》

第三十七条 学校应当保证学生的课外活动时间，组织开展文化娱乐等课外活动。社会公共文化体育设施应当为学校开展课外活动提供便利。

《中华人民共和国未成年人保护法》

第三十三条第一款 学校应当与未成年学生的父母或者其他监护人互相配合，合理安排未成年学生的学习时间，保障其休息、娱乐和体育锻炼的时间。

38. 学校在暑假期间变相强制安排学生在线补课，是合法的吗?

案例在线

小烨今年十三岁，是一名初一学生。前不久，父母告诉小烨，他们决定在这个暑假带小烨到国外旅游。听了这个消息，小烨十分兴奋，连做梦都期盼着暑假的到来。期末考试结束后，老师召开了班会，在班会上通知大家，学校将在暑假期间开展线上补课，大家原则上自愿参加。但是，开学后老师的教学活动将接续补课内容进行，不再对暑期补课内容做重新讲解。听完老师的话，小烨顿时泄了气，他这个暑假只能在家听线上课程，不能去国外旅游了。伤心之余，小烨感到有些奇怪，学校这样变相强制要求学生参加线上补课的行为，真的是合法的吗?

依法解析

暑假应当是学生们进行放松的时间，学校无权占用暑假为学生补课。根据我国《义务教育法》第三十七条和《未成年人保护法》第三十三条第二款的规定，学校应当保证学生的课外活动时间，不得占用国家法定节假日、休息日以及寒暑假期，组织义务教育阶段的未成年学生集体补课，加重其学习负担。也就是说，对于义务教育阶段的学生，学校应当寓教于乐，“填鸭式”教学是不可取的，这不仅不会提升学生的成绩，还会增加学生的负担。

本案中小烨的学校虽然在明面上允许学生自由参加补课，实际上却是在变相强制学生补课，这一行为是违反法律的规定的。作为初中学生，不应当背负过于沉重的学习压力，也不应当被学校施加过多的“成绩焦虑”。小烨可以让父母向当地教育局反映学校违规补课的事实，来保障自己作为学生的合法权利。

法条链接

《中华人民共和国义务教育法》

第三十七条 学校应当保证学生的课外活动时间，组织开展文化娱乐等课外活动。社会公共文化体育设施应当为学校开展课外活动提供便利。

《中华人民共和国未成年人保护法》

第三十三条第二款 学校不得占用国家法定节假日、休息日及寒暑假期，组织义务教育阶段的未成年学生集体补课，加重其学习负担。

39. 初中生被学校开除，学校违法了吗？

案例在线

小国升上初中后，逐渐感觉自己跟不上老师上课的进度，成绩也不断下滑。一个学期后，小国的成绩就掉到了班级末尾。班主任多次找小国谈话，要求小国认真学习，但是小国始终不思进取，甚至破罐子破摔。上了初二以后，小国对学习更加懈怠。他在学校里认识了几个经常逃课的学生，在他们的鼓动之下，小国也常常逃课出去上网，甚至学会了和人打架。有好几次，小国都参加了校外的打架斗殴行动，屡次被派出所民警训诫。学校对小国很头疼，决定将小国开除。学校开除小国的行为是否合法？

依法解析

我国《义务教育法》第二十七条规定，对违反学校管理制度的学生，学校应当予以批评教育，不得开除。《未成年人保护法》第二十八条第一款规定，学校应当保障未成年学生受教育的权利，不得违反国家规定开除、变相开除未成年学生。也就是说，在义务教育阶段，对于那些违反校规校纪的学生，学校应当以批评教育为主，是不能随意开除其学籍的。

在上面的案例中，小国是一名初中学生，还处于义务教育阶段。义务教育不仅是公民的权利，也是公民的义务，不管是学校还是家长，都应当保护未成年人接受义务教育的权利得以实现。因此，在义务教育阶段，学校不得开除学生。对于小国的行为，学校与老师应当耐心引导，严加管教，使小国认识到自己行为的错误。必要时，可以由公安机关根据具体情况，采取相应的矫治教育措施。

法条链接

《中华人民共和国义务教育法》

第二十七条 对违反学校管理制度的学生，学校应当予以批评教育，不得开除。

《中华人民共和国未成年人保护法》

第二十八条第一款 学校应当保障未成年学生受教育的权利，不得违反国家规定开除、变相开除未成年学生。

40. 学生在学校组织的课外活动中受伤的，学校需要负责吗？

案例在线

为了丰富学生们的课余生活，小璇就读的小学决定在放学后开办一场“迷你马拉松”比赛，热爱跑步的小璇第一个举手报了名。由于准备得有些仓促，学校在选取路线时没有提前做好功课，路上的障碍物比较多，也没来得及清理。小璇快到终点时，由于体力不支，没有注意路况，猛地被地面上一根掉落的树枝绊倒。小璇重重摔在地上，腿和手臂都受了不同程度的伤。老师见状，连忙将小璇送往医院。学校需要对小璇受伤的结果负责吗？

依法解析

我国《义务教育法》第二十四条第一款规定，学校应当建立、健全安全制度和应急机制，对学生进行安全教育，加强管理，及时消除隐患，预防发生事故。《未成年人保护法》第三十五条规定，学校安排未成年人参加文化娱乐、社会实践等集体活动，应当保护未成年人的身心健康，防止发生人身伤害事故。从这两条规定中我们可以看出，学校在组织课外活动时，应当把保护学生的人身安全当作第一要务，及时清除可能存在的安全隐患，防止安全事故的发生。

在上面的案例中，学校为了丰富学生的课余生活而举办“迷你马拉松”比赛，出发点是好的，但是，学校在筹备比赛时，应当先将所有可能使学生受伤的安全隐患消除。本案中小璇的学校显然没有做到这一点，以致导致了小璇受伤的结果。依据《民法典》第一千二百条的规定，未成年人在学校学习、生活期间受到人身伤害，学校未尽到管理职责的，应当承担侵权责任。因此，学校应当赔偿小璇的医疗费用，并加强学校的安全管理制度。

法条链接

《中华人民共和国义务教育法》

第二十四条第一款 学校应当建立、健全安全制度和应急机制，对学生进行安全教育，加强管理，及时消除隐患，预防发生事故。

《中华人民共和国未成年人保护法》

第三十五条 学校、幼儿园应当建立安全管理制度，对未成年人进行安全教育，完善安保设施、配备安保人员，保障未成年人在校、在园期间的人身和财产安全。

学校、幼儿园不得在危及未成年人人身安全、身心健康的校舍和其他设施、场所中进行教育教学活动。

学校、幼儿园安排未成年人参加文化娱乐、社会实践等集体活动，应当保护未成年人的身心健康，防止发生人身伤害事故。

《中华人民共和国民法典》

第一千二百条 限制民事行为能力人在学校或者其他教育机构学习、生活期间受到人身损害，学校或者其他教育机构未尽到教育、管理职责的，应当承担侵权责任。

41. 初中生被老师批评后跳楼的，学校需要负责吗？

案例在线

小汉是一名初三的学生，性格内向，学习成绩也不是太好。今年，他偷偷喜欢上了班里的美女学霸，在经历过激烈的思想斗争后，他决定用书信的形式向女孩表白。他认真写了一封信，打算在一天的早读课交给女孩。可是，没想到的是，交付“情书”的过程被在窗外巡视的班主任完全目击，小汉被班主任抓了个正着。班主任非常气愤，当着全班同学的面开始批评小汉，还说出了小汉学习成绩差，不知道好好学习，就想着吃天鹅肉之类难听的话。小汉被说得抬不起头，觉得自己的尊严被践踏了。小汉认为自己没有脸再活在世上，心一横，冲到楼道中，从窗口跳了下去。虽然被第一时间送到了医院，但小汉还是留下了终身残疾。学校和班主任需要对小汉受的伤负责吗？

依法解析

未成年人与成年人一样，都有自尊心，人格尊严需要被尊重。我国《未成年人保护法》第二十七条规定，学校的教职员工应当尊重未成年人人格尊严，不得对未成年人实施体罚、变相体罚或者其他侮辱人格尊严的行为。同时，《中小学教育惩戒规则（试行）》第十二条第三项规定，教师在教育教学管理、实施教育惩戒过程中，不得辱骂或者以歧视性、侮辱性的言行侵犯学生人格尊严。从这两条规定可以看出，老师在教育学生时应当采取适当的方法，尊重学生的人格尊严，无论出于什么原因，老师都不应当侮辱学生的人格。

在上面的案例中，小汉学习成绩差，又有早恋的苗头，在这种情况下，他更需要老师的谆谆引导，而不是简单粗暴的谩骂和侮辱。对于小汉跳楼受伤的结果，班主任和学校都是存在过错的，都需要对小汉承担赔偿责任。根据《教师资格条例》第十九条第一款的规定，小汉的班主任还可能会被撤销教师资格。

法条链接

《中华人民共和国未成年人保护法》

第二十七条 学校、幼儿园的教职员工应当尊重未成年人人格尊严，不得对未成年人实施体罚、变相体罚或者其他侮辱人格尊严的行为。

《中小学教育惩戒规则（试行）》

第十二条 教师在教育教学管理、实施教育惩戒过程中，不得有下列行为：

……

（三）辱骂或者以歧视性、侮辱性的言行侵犯学生人格尊严；

……

《教师资格条例》

第十九条第一款 有下列情形之一的，由县级以上人民政府教育行政部门撤销其教师资格：

（一）弄虚作假，骗取教师资格的；

（二）品行不良、侮辱学生，影响恶劣的。

42. 学校在预防学生遭受性侵害、性骚扰方面有哪些法定义务?

案例在线

小玉是一名五年级的小学生，在课外舞蹈班中认识了在其他学校上学的小慧。一天，在两人聊天时，小慧告诉小玉，她们学校前几天为他们开展了一场性教育讲座，教他们该如何预防性侵害和性骚扰。小玉听后，十分羡慕。她在新闻上看到，最近几年，有不少未成年人也会受到性犯罪的侵害。小玉认为，作为未成年人，应当好好学习该如何保护自己。于是，在家长的鼓励下，小玉给校长信箱写了一封信，提议由学校来组织一场性教育讲座。那么，学校有义务开展性教育相关讲座吗？在预防学生遭到性侵害、性骚扰方面，学校都具有哪些法定义务呢？

依法解析

最近几年来，针对未成年人的性犯罪案件层出不穷。由于未成年人尚未具备完全的认识能力，自我保护的能力也比较差，他们更需要来自家庭、学校及社会方方面面的保护和引导。根据我国《未成年人保护法》第四十条的规定，学校在预防学生遭到性侵害、性骚扰方面，主要有以下义务：

第一，学校应当建立起预防性侵害、性骚扰未成年人的工作制度；第二，对性侵害、性骚扰未成年人等违法犯罪行为，学校不得隐瞒，应当及时向公安机关、教育行政部门报告，并配合相关部门依法处理；第三，学校应当对未成年人开展适合其年龄的性教育，提高未成年人防范性侵害、性骚扰的自我保护意识和能力；第四，对遭受性侵害、性骚扰的未成年人，学校应当及时采取相关的保护措施。

从这条规定可以看出，无论是在性侵害的预防，还是在性侵害发生后对未成年人的保护方面，学校都有着义不容辞的责任。本案中小慧所在的学校召开性教育讲座是十分有必要的，小玉的学校也应当秉承着对学生负责的原则，积极筹备性教育讲座。这不仅能够增加学生们的知识，也能够更大程度上保证学生免受犯罪侵害。

法条链接

《中华人民共和国未成年人保护法》

第四十条 学校、幼儿园应当建立预防性侵害、性骚扰未成年人工作制度。对性侵害、性骚扰未成年人等违法犯罪行为，学校、幼儿园不得隐瞒，应当及时向公安机关、教育行政部门报告，并配合相关部门依法处理。

学校、幼儿园应当对未成年人开展适合其年龄的性教育，提高未成年人防范性侵害、性骚扰的自我保护意识和能力。对遭受性侵害、性骚扰的未成年人，学校、幼儿园应当及时采取相关的保护措施。

43. 老师因学生成绩差而教育惩戒学生，违法了吗？

案例在线

小涛的学习成绩一直就不太好，虽然他学习十分努力刻苦，但是成绩总是提升不上去。几天前，小涛的年级进行了期中考试。不出意料，小涛的成绩又有好几门都不及格。小涛的班主任看了小涛的成绩后，非常生气，认为都是因为小涛分数太低，才拉低了班级的平均分。于是，班主任将小涛狠狠训斥了一顿，责令小涛将所有的错题都改对，并惩罚小涛在接下来的一周内只能站着上课。受罚的小涛感到十分委屈，他想知道，老师因为自己成绩差而让他罚站的行为，是否符合法律的规定呢？

依法解析

每个学生都有其独特的闪光点，成绩并不是衡量一个学生好坏的唯一准则。我国《未成年人保护法》第二十九条第一款规定，学校应当关心、爱护未成年学生，不得因学习能力等情况歧视学生。从这条规定可以看出，无论学生的成绩是好是坏，学校和老师都应当对每一个学生一视同仁，不能因此歧视甚至惩罚学生。

同时，《中小学教育惩戒规则（试行）》第十二条规定，教师在教育教学管理、实施教育惩戒过程中，不得因学业成绩而教育惩戒学生，也不得让学生进行超过正常限度的罚站。在上面的案例中，小涛的学习成绩不太理想，但这并不是因为他经常违规违纪，而是他可能还没找到正确的学习方法。面对这样的学生，老师应当更耐心地向他传授学习方法，而不是简单粗暴地对学生进行惩罚。小涛的班主任因为小涛成绩差而让他罚站一周的行为，不仅不能帮助小涛提高成绩，还违反了法律，更违反了作为一名老师的职业道德。

法条链接

《中华人民共和国未成年人保护法》

第二十九条第一款 学校应当关心、爱护未成年学生，不得因家庭、身体、心理、学习能力等情况歧视学生。对家庭困难、身心有障碍的学生，应当提供关爱；对行为异常、学习有困难的学生，应当耐心帮助。

《中小学教育惩戒规则（试行）》

第十二条 教师在教育教学管理、实施教育惩戒过程中，不得有下列行为：

……

（二）超过正常限度的罚站、反复抄写，强制做不适的动作或者姿势，以及刻意孤立等间接伤害身体、心理的变相体罚；

……

（五）因学业成绩而教育惩戒学生；

……

44. 对于在课堂上睡觉的学生，老师可以要求其罚站吗？

案例在线

小超最近迷上了打网络游戏，每天放学回家后，他都要打上好几个小时的游戏，直到凌晨两三点才意犹未尽地上床睡觉。由于睡得太晚，白天上课时，小超总是打瞌睡。一天，在语文课上，小超困得睁不开眼睛，不知不觉就趴在桌子上睡着了。语文老师发现小超正在睡觉，有些生气，她走到小超的座位边把小超叫醒，罚小超在座位上站到语文课下课。小超在众目睽睽之下被罚了站，感觉很丢脸。他记得以前听说罚站是体罚，老师是没权利这样惩罚学生的。那么，语文老师让小超罚站的行为是否合法呢？

依法解析

课堂是学生摄取知识、提升个人能力的场所，在课堂上睡觉是违反课堂纪律的。根据我国《中小学教育惩戒规则（试行）》第八条的规定，教师在课堂教学、日常管理中，对违规违纪情节较为轻微的学生，可以当场实施一些教育惩戒，一节课堂教学时间内的教室内站立便包含在其中。也就是说，对于轻微违纪的学生，老师是有权依据法律的规定对其进行罚站等教育惩戒措施的。

在上面的案例中，小超在课堂上睡觉，不仅不利于自己学习成绩的提高，也是一种对老师辛苦授课不尊重的行为。语文老师惩罚小超在座位上站到一节课下课，并没有超过法律规定的限度，不是体罚行为，而是一种完全合情合理的教育惩戒行为。

小超作为一名学生，应当将自己生活的重点主要放在学习上，多多约束自我，不应放任自己沉迷网络。小超的监护人也应当多关注小超的情况，重视家庭教育，积极协助学校及老师的工作，帮助小超健康成长。

法条链接

《中小学教育惩戒规则（试行）》

第八条 教师在课堂教学、日常管理中，对违规违纪情节较为轻微的学生，可以当场实施以下教育惩戒：

……

（四）一节课堂教学时间内的教室内站立；

……

教师对学生实施前款措施后，可以以适当方式告知学生家长。

第4章 我和我的财产

45. 舅舅去世后，遗产能由外甥继承吗？私生子有继承权吗？

案例在线

小武的母亲未婚先孕生下了他，后又独自一人抚养他。因常年郁郁寡欢，母亲在小武五岁时就去世了。自从母亲去世后，小武便与母亲唯一的亲人，小武的舅舅一起生活。舅舅为了能更好地照顾小武，一直没有结婚，将小武当作亲生孩子一样对待。但是天有不测风云，舅舅在一次出差中遭遇了车祸，还没来得及留下遗嘱就离开了人世，留下小武一个人。正当小武孤苦无依时，他的亲生父亲找到了他，表示可以继续抚养小武。那么，小武可以继承过世舅舅的遗产吗？等到亲生父亲去世后，作为非婚生子的小武还能继承生父的遗产吗？

依法解析

《民法典》对于旁系亲属之间的代位继承问题首次作出了明确规定，根据《民法典》第一千一百二十八条第二款的规定，被继承人的兄弟姐妹先于被继承人死亡的，由被继承人的兄弟姐妹的子女代位继承。这条规定主要适用于被继承人无第一顺序继承人的情形，以最大限度地避免遗产无人继承的情况。

在上面的案例中，小武和舅舅互为对方唯一的亲人，也就表明，舅舅是没有其他法定继承人存在的。小武的母亲先于舅舅去世，小武作为母亲的直系后代，有权利继承舅舅的遗产。

而对于小武亲生父亲的遗产，小武也是有继承权的。为了保护每一个孩子的合法权利，《民法典》赋予了非婚生子女与婚生子女相同的法律地位，小武不会因为自己非婚生子女的身份受到任何歧视，他与婚生子女享有相同的继承权，有权依法继承亲生父亲的遗产。而且他对舅舅遗产的继承权，也完全不会影响他继承亲生父亲遗产的权利。

法条链接

《中华人民共和国民法典》

第一千一百二十八条第二款 被继承人的兄弟姐妹先于被继承人死亡的，由被继承人的兄弟姐妹的子女代位继承。

第一千一百二十七条 遗产按照下列顺序继承：

（一）第一顺序：配偶、子女、父母；

（二）第二顺序：兄弟姐妹、祖父母、外祖父母。

继承开始后，由第一顺序继承人继承，第二顺序继承人不继承；没有第一顺序继承人继承的，由第二顺序继承人继承。

本编所称子女，包括婚生子女、非婚生子女、养子女和有扶养关系的继子女。

本编所称父母，包括生父母、养父母和有扶养关系的继父母。

本编所称兄弟姐妹，包括同父母的兄弟姐妹、同父异母或者同母异父的兄弟姐妹、养兄弟姐妹、有扶养关系的继兄弟姐妹。

46. 家庭重组后，继子女可否继承继父母的遗产？

案例在线

小云的父母离婚后，她一直跟随母亲生活。几年后，母亲逐渐走出上一段失败婚姻的阴影，通过朋友介绍认识了纪某。两人一见钟情，不久便办理了结婚登记。两人结婚后，纪某对小云视如己出，十分疼爱，小云也很喜欢这个继父。然而好景不长，纪某突患重病，没过多久便去世了。纪某的妹妹以小云不是纪某的亲生女儿为由，霸占了哥哥的所有遗产。为了替女儿争取应得的权利，小云的母亲只能将纪某的妹妹诉至公堂。那么，小云是否可以继承继父的遗产呢？

依法解析

根据我国《民法典》第一千一百二十七条的规定，第一顺序继承人包括配偶、子女、父母，第二顺序继承人包括兄弟姐妹、祖父母、外祖父母。本条规定中的子女既包括亲生子女，也包括有扶养关系的继子女。同时，当有第一顺序继承人存在时，第二顺序继承人没有继承权。在上面的案例中，小云虽然不是纪某的亲生女儿，但纪某与小云的母亲结婚后，其与小云之间已经形成了实际的扶养关系，属于法律拟制的血亲范畴。由此可见，小云及母亲都是纪某的第一顺序继承人，纪某的财产应当由小云及母亲继承，纪某的妹妹是无权继承遗产的。

法外有人情，《民法典》的这条规定不仅保护了继子女的合法权利，也考虑到了作为继承人与被继承人之间的情感需求。小云与纪某不是亲生父女关系胜似亲生，如果将小云的继承权加以剥夺，一定也违背了纪某的本意。因此，无论是按照道德的约束，还是法律的规定，小云都可以继承继父纪某的遗产。

法条链接

《中华人民共和国民法典》

第一千一百二十七条 遗产按照下列顺序继承：

（一）第一顺序：配偶、子女、父母；

（二）第二顺序：兄弟姐妹、祖父母、外祖父母。

继承开始后，由第一顺序继承人继承，第二顺序继承人不继承；没有第一顺序继承人继承的，由第二顺序继承人继承。

本编所称子女，包括婚生子女、非婚生子女、养子女和有扶养关系的继子女。

本编所称父母，包括生父母、养父母和有扶养关系的继父母。

本编所称兄弟姐妹，包括同父母的兄弟姐妹、同父异母或者同母异父的兄弟姐妹、养兄弟姐妹、有扶养关系的继兄弟姐妹。

47. 青少年违法犯罪后，继承权会被剥夺吗？

案例在线

陆某是父母的“老来子”，从小备受宠爱。由于父母的过分溺爱，陆某从小就十分叛逆，十五岁那年，因抢劫罪被判处三年有期徒刑。陆某入狱后不久，父亲就因忧思过度去世了。父亲去世后，陆某的姐姐认为，陆某已经进了监狱，道德败坏，不配继承父亲的遗产，便将父亲的遗产分成两份，由自己和母亲继承。陆某出狱后，得知此事非常气愤，一纸诉状将姐姐告上了法庭。那么，陆某违法犯罪后，还享有继承权吗？

依法解析

根据我国《民法典》第一千一百二十五条的规定，继承人有下列行为之一的，丧失继承权：（一）故意杀害被继承人；（二）为争夺遗产而杀害其他继承人；（三）遗弃被继承人，或者虐待被继承人情节严重；（四）伪造、篡改、隐匿或者销毁遗嘱，情节严重；（五）以欺诈、胁迫手段迫使或者妨碍被继承人设立、变更或者撤回遗嘱，情节严重。

由法条可以看出，违法犯罪并非丧失继承权的必要条件，只有为了争夺遗产而不择手段地实施了杀人、遗弃等犯罪行为，才在丧失继承权的行为之列。

在上面的案例中，陆某虽然受到了刑罚处罚，但是他抢劫的行为与遗产继承并无关联，依照法律规定，陆某依然合法有效地享有继承权。陆某姐姐无论是出于什么样的目的，都没有权利越过法律界限擅自剥夺陆某的继承权。

法条链接

《中华人民共和国民法典》

第一千一百二十五条 继承人有下列行为之一的，丧失继承权：

（一）故意杀害被继承人；

（二）为争夺遗产而杀害其他继承人；

（三）遗弃被继承人，或者虐待被继承人情节严重；

（四）伪造、篡改、隐匿或者销毁遗嘱，情节严重；

（五）以欺诈、胁迫手段迫使或者妨碍被继承人设立、变更或者撤回遗嘱，情节严重。

继承人有前款第三项至第五项行为，确有悔改表现，被继承人表示宽恕或者事后在遗嘱中将其列为继承人的，该继承人不丧失继承权。

受遗赠人有本条第一款规定行为的，丧失受遗赠权。

48. 死者的遗产不足以清偿债务时，他十岁的女儿能否分到遗产？

案例在线

钟某不顾家人反对，用全部积蓄经营了一家独资企业。由于钟某没有做生意的才能，公司经营不善，面临破产的局面。为了维持公司运营，钟某向银行申请了高额贷款，但公司已经是入不敷出。一夜之间，钟某不仅要面临公司破产，还背上了高额债务，有巨大压力的他在一次外出中不慎出了车祸，抢救无效死亡。钟某过世后，银行找到钟某的妻子刘某，要求刘某偿还银行贷款。钟某留下的遗产偿还贷款远远不够，可两人还有一个只有十岁的女儿小芳，小芳还在上学，也需要用钱，并且，由于钟某的生意一直不好，家里根本没攒下钱，刘某没有工作，也没有什么钱。一时间，刘某陷入了两难的境地。那么，在钟某的遗产资不抵债的情况下，小芳还能分到属于她的遗产份额吗？

依法解析

我国《民法典》继承编建立在养老育幼、互助互济的原则之上，这一原则不仅仅是道德规范的要求，也是保障家庭职能顺利实现的需要。由此，《民法典》第一千一百五十九条规定，分割遗产应当偿还被继承人依法应当缴纳的税款和税务；但是，应当为缺乏劳动能力又没有生活来源的继承人保留必要的遗产。

同时，《民法典》第一千一百六十一条第一款规定，继承人以所得遗产实际价值为限清偿被继承人依法应当偿还的债务。也就是说，当被继承人承担的债务大于其留下的遗产时，接受继承的继承人无须偿还被继承人的全部债务，只需要以其所继承的遗产价值为限度，偿还债务即可。

在上面的案例中，钟某已经去世，他生前所欠下的债务，不论是从情理上还是从法律上，都应当由钟某的遗产来进行偿还。但是，钟某的女儿小芳还只是一名十岁的未成年人，她还没有独自获得生活来源、独立生活的能力。在法律上，应当对这样的弱势群体进行照顾，保留小芳所需要的必要的遗产份额，这也能体现出我国法律不仅仅是冷冰冰的法条，更充满了人文关怀的气息。

法条链接

《中华人民共和国民法典》

第一千一百五十九条 分割遗产，应当清偿被继承人依法应当缴纳的税款和债务；但是，应当为缺乏劳动能力又没有生活来源的继承人保留必要的遗产。

第一千一百六十一条第一款 继承人以所得遗产实际价

值为限清偿被继承人依法应当缴纳的税款和债务。超过遗产实际价值部分，继承人自愿偿还的不在此限。

49. 未成年人的遗嘱有法律效力吗？

案例在线

小美今年十五岁。三年前，她被确诊为渐冻症。自从得知她生病后，父母就将她扔在奶奶家不管不顾，是奶奶一直尽心尽力照顾她。虽然身患绝症，但小美从没放弃对生活的希望。由于病痛，她无法走出家门去看外面广阔的世界，于是她将自己对世界的美好向往都挥洒在画纸上。媒体听说了小美的事迹后，争相进行报道，小美拥有了一定名气，她的画作也卖出了高价。小美知道自己也许时日无多了，便手写了一封遗嘱，想在自己过世后，将画画挣来的钱全部留给辛苦照顾她的奶奶，并郑重地签上了自己的名字。那么，小美的遗嘱是合法有效的吗？

依法解析

根据我国《民法典》第一千一百四十三条第一款的规定，无民事行为能力人或者限制民事行为能力人所立的遗嘱是无效的。

《最高人民法院关于适用〈中华人民共和国民法典〉继承编的解释（一）》又对此做了进一步的规定：只要是在立遗嘱时，遗嘱人未具有完全民事行为能力，不论遗嘱人后来是否具有完全民事行为能力，该遗嘱都是无效的。

在上面的案例中，小美感恩奶奶的心令人感动。但是，小美只有十五岁，根据《民法典》第十九条的规定，小美还没有达到法律规定的完全民事行为能力年龄，她所订立的遗嘱不具有法律上的效力。但是，鉴于小美父母对其不管不顾，她可以向法院提起诉讼，要求不履行抚养子女义务的父母支付自己抚养费。并且，等到小美十六岁后，加上她能靠画画赚钱，她就可以成为完全民事行为能力人了，那时候，她立的遗嘱就合法有效了。

法条链接

《中华人民共和国民法典》

第十八条 成年人为完全民事行为能力人，可以独立实施民事法律行为。

十六周岁以上的未成年人，以自己的劳动收入为主要生活来源的，视为完全民事行为能力人。

第十九条 八周岁以上的未成年人为限制民事行为能力人，实施民事法律行为由其法定代理人代理或者经其法定代理人同意、追认；但是，可以独立实施纯获利益的民事法律行为或者与其年龄、智力相适应的民事法律行为。

第一千一百四十三条第一款 无民事行为能力人或者限制民事行为能力人所立的遗嘱无效。

《最高人民法院关于适用〈中华人民共和国民法典〉继承编的解释（一）》

第二十八条 遗嘱人立遗嘱时必须具有完全民事行为能力。无民事行为能力人或者限制民事行为能力人所立的遗嘱，即使其本人后来具有完全民事行为能力，仍属无效遗嘱。遗嘱人立遗嘱时具有完全民事行为能力，后来成为无民事行为能力人或者限制民事行为能力人的，不影响遗嘱的效力。

50. 继承房屋以后，所有权何时发生转移？没有变更登记的情况下可以出卖吗？

案例在线

正在上大学的苗某是家里的独生子，从小备受家人疼爱，尤其是爷爷更是非常喜欢苗某。爷爷年纪大了，身体越来越差，便留下遗嘱，要将自己名下的一套房子留给苗某，并到公证处做了公证。两个月后，爷爷病重去世了。爷爷过世后，苗某一家人都认为，老人已经留下了遗愿，让苗某继承房子，那这套房子理所当然就是苗某的财产，便一直没有去做产权登记。苗某毕业后，与朋友合伙创业，资金周转不开时，便想到将房子卖掉渡过难关。苗某联系好买家，一起去做产权转移登记时，却被工作人员告知此房不在苗某名下，无法办理产权转移。苗某很困惑，爷爷已经去世，难道这套房屋的所有权不就该是自己的吗？

依法解析

根据我国《民法典》第二百三十条的规定，因继承取得物权的，自继承开始时发生效力，该物权即归属于继承人所有。这一规定是为了在被继承人去世后，其财产的所有权能够更好地衔接，防止无主财产的产生。在上面的案例中，苗某的爷爷去世时，继承就已经开始，按照遗嘱规定，该房产由苗某继承，房子的所有权也自动归入苗某名下。

根据《民法典》第二百零九条第一款的规定，不动产物权的设立、变更、转让和消灭都需经过依法登记才能发生效力。也就是说，房屋买卖需要办理产权登记才能发生物权变动的效力。苗某需要卖房，则要进行相应的产权变更登记。虽然苗某经继承已经自动取得了房子的所有权，但这并不代表苗某可以立即将房屋转卖。苗某必须前往登记机关办理登记，使他对房子的所有权具备形式要件以后，才可以对该房屋进行处分。

法条链接

《中华人民共和国民法典》

第二百零九条第一款 不动产物权的设立、变更、转让和消灭，经依法登记，发生效力；未经登记，不发生效力，但是法律另有规定的除外。

第二百三十条 因继承取得物权的，自继承开始时发生效力。

第二百三十二条 处分依照本节规定享有的不动产物权，依照法律规定需要办理登记的，未经登记，不发生物权效力。

51. 偶然间发现的埋藏物，所有权归谁？

案例在线

小津今年十岁，好奇心旺盛，看到什么都想尝试。一天，小津在动画片里看到主人公拿着一张藏宝图，很感兴趣，立刻自己动手画了一幅。藏宝图画好后，小津兴高采烈地给小龙打电话，邀请他去公园里玩寻宝游戏。两人来到公园，顺着小津画的藏宝

图一路寻找，居然真的在藏宝图标示的地点挖出了一对金手镯。两人喜出望外，一人拿着一只金手镯高高兴兴地回家了。小津的父母下班回家后，在小津的房间中发现了金手镯，立刻问他这是从哪儿来的，小津便将自己找到金手镯的事情原委告诉了父母。父母思考过后，决定没收这只金手镯，并报了警。那么，小津他们寻宝找到的金手镯，到底应该归谁呢？

依法解析

埋藏物，是指埋藏在土地之中，尚不能证明其所有权的财物。毫无疑问，上述案例中，小津和小龙发现的金手镯便是典型的埋藏物。对于埋藏物的所有权归属，我国《民法典》中参照遗失物作出了一系列规定。

根据《民法典》第三百一十四条、第三百一十五条、第三百一十八条、第三百一十九条的规定，拾得埋藏物的，拾得人并不是当然的所有权人，其应当及时通知权利人领取，或者送交公安等有关部门。有关部门收到遗失物后，应当及时通知权利人领取，或者及时发布招领公告。如果超过一年仍无人认领，该遗失物归国家所有。

在上面的案例中，小津和小龙捡到的金手镯尚不能得知所有权人是谁，不能擅自将其占为己有，小津父母报警的行为是十分正确且合法的。警察接到报案后，应当积极寻找失主，发布失物招领公告，发布公告后一年内无人认领的，金手镯归国家所有。

法条链接

《中华人民共和国民法典》

第三百一十四条 拾得遗失物，应当返还权利人。拾得人应当及时通知权利人领取，或者送交公安等有关部门。

第三百一十五条 有关部门收到遗失物，知道权利人的，应当及时通知其领取；不知道的，应当及时发布招领公告。

第三百一十八条 遗失物自发布招领公告之日起一年内无人认领的，归国家所有。

第三百一十九条 拾得漂流物、发现埋藏物或者隐藏物的，参照适用拾得遗失物的有关规定。法律另有规定的，依照其规定。

52. 捡到遗失物无人认领，该怎么处置？

案例在线

小慧是一名十六岁的高中生。一天，她从补习班回家时，在公交车的座位上捡到一部手机。她立刻通过手机通讯录联系失主，但是电话均无人接听。小慧心想，我已经联系了失主，既然他不要手机，那手机就归我了。于是小慧便心安理得地进行了刷机，自己拿着用了起来。过了几天，小慧无意中在网上看到了失主的寻物启事，上面写着若归还失物可付报酬两千元。小慧见状，便联系了失主，将手机归还，并索要两千元报酬。可失主一看手机已经被刷机，非常气愤，拒绝支付报酬。那么，小慧可以索要报酬吗？捡到的遗失物无人认领时，该怎么处置呢？

依法解析

根据我国《民法典》第三百一十四条、第三百一十五条、第三百一十八条的规定，小慧在捡到手机后，应当积极联系失主，无法找到失主时，可以寻求公安等有关部门的帮助。公安机关收到遗失物后，应当通知失主领取，失主不明的，应当及时发布招领公告。

但是，案例中的小慧却因为法律知识的匮乏而采取了错误的做法。《民法典》第三百一十七条规定，拾得人侵占遗失物的，无权请求保管遗失物等支出的费用，也无权请求权利人按照承诺履行义务。小慧因一念之差，想要侵占失主的手机，失主发现后，拒绝支付报酬的行为完全合法。这样的法律规定，可以引导人们做出正确的选择，同时保护失主的合法权利。

法条链接

《中华人民共和国民法典》

第三百一十四条 拾得遗失物，应当返还权利人。拾得人应当及时通知权利人领取，或者送交公安等有关部门。

第三百一十五条 有关部门收到遗失物，知道权利人的，应当及时通知其领取；不知道的，应当及时发布招领公告。

第三百一十七条 权利人领取遗失物时，应当向拾得人或者有关部门支付保管遗失物等支出的必要费用。

权利人悬赏寻找遗失物的，领取遗失物时应当按照承诺履行义务。

拾得人侵占遗失物的，无权请求保管遗失物等支出的费用，也无权请求权利人按照承诺履行义务。

53. 孩子的压岁钱，从法律上讲所有权应该归谁？父母可以处置吗？

案例在线

小郑今年十岁，是家中最小的孩子，长辈们都十分疼爱他，每年过年都会给他许多压岁钱。但是，每次小郑的压岁钱还没在小郑手里攥热乎，就会被妈妈收走。妈妈告诉他，这是帮他去银行存起来，等他要用的时候会给他的。眼看就要放暑假了，老师通知大家，今年暑假学校会举办一个航天主题的夏令营活动。小郑一听来了精神，他从小就对航天感兴趣，于是立刻回家向妈妈要压岁钱，想报名参加夏令营。没想到，妈妈却对小郑说，她将他的压岁钱用作家庭日常开销，没有剩余了。小郑知道以后闷闷不乐。那么，小郑的压岁钱可以由妈妈来任意处置吗？

依法解析

根据我国《民法典》第六百五十七条的规定，长辈给予小辈的压岁钱，实质上是一种赠与行为。而按照《民法典》第十九条的规定，限制民事行为能力人可以独立实施纯获利益的民事法律行为。也就是说，即使是未成年人，对丁他人的无偿赠与，自己也是有权接受的。案例中的小郑接受压岁钱的行为与小郑的年龄、智力相适应，且是一种纯获利的接受赠与行为，这是合法有效的，压岁钱的所有权也理所应当归小郑所有。

但是，由于小郑尚未成年，他的父母还是他的监护人。根据《民法典》第三十四条第一款的规定，作为监护人，父母可以代理小郑实施民事法律行为，保护他的财产权利。这虽然赋予了监护人处理未成年人财产的一定权利，但并不意味着他们就可以随意处置。《民法典》第三十五条同时规定，监护人除为维护被监护人利益外，不得处分被监护人的财产，在作出与被监护人利益有关的决定时，也应当根据被监护人的年龄和智力状况，尊重被监护人的真实意愿。

在本案例中，小郑的妈妈将他的压岁钱用作家庭日常开销，并没有在考虑小郑的利益以及真实意愿的基础上对小郑的财产进行处分，这是不应该的。小郑想要去参加夏令营的愿望与他的年龄、智力并不违背，妈妈在处分小郑压岁钱的时候，也应当充分考虑小郑的意愿。

法条链接

《中华人民共和国民法典》

第十九条　八周岁以上的未成年人为限制民事行为能力人，实施民事法律行为由其法定代理人代理或者经其法定代理人同意、追认；但是，可以独立实施纯获利益的民事法律行为或者与其年龄、智力相适应的民事法律行为。

第三十四条第一款　监护人的职责是代理被监护人实施民事法律行为，保护被监护人的人身权利、财产权利以及其他合法权益等。

第三十五条　监护人应当按照最有利于被监护人的原则

履行监护职责。监护人除为维护被监护人利益外，不得处分被监护人的财产。

未成年人的监护人履行监护职责，在作出与被监护人利益有关的决定时，应当根据被监护人的年龄和智力状况，尊重被监护人的真实意愿。

……

第六百五十七条 赠与合同是赠与人将自己的财产无偿给予受赠人，受赠人表示接受赠与的合同。

54. 父母离婚的时候，可以分割他们出资购买但登记在孩子名下的房产吗?

案例在线

小卢和小莫是一对夫妻，两人感情十分和睦，婚后不久便诞生了两人爱的结晶——小乐。小乐八岁时，两人的事业越做越好，便决定早早为小乐投资，为小乐购买了一套房产，并且在房产证上只写了小乐一人的名字。过了几年，小卢由于工作调动，时常出差，与小莫聚少离多，两人感情逐渐疏远，最终决定离婚。两人对婚内财产，包括为小乐购买的房产进行了分割，写好了离婚协议书。但是，就在离婚登记时，工作人员却告诉他们房产在小乐名下，夫妻二人无权分割。小卢和小莫很疑惑，明明是他们使用夫妻共同财产买的房子，为什么不能分割呢？

依法解析

根据我国《民法典》第二百一十六条、第二百一十七条的规定，不动产登记簿是物权归属和内容的根据，不动产权属证书是权利人享有该不动产的证明。案例中的小卢和小莫在购买房产时，房产证上只写了小乐的名字，说明房产只属于小乐一人所有。夫妻二人使用共同财产为小乐买房的行为，实质上是对小乐的赠与，小乐对房产的所有权合法有效。

同时，《民法典》第三十五条第一款规定，监护人应当按照最有利于被监护人的原则履行监护职责，除为维护被监护人利益外，不得处分被监护人的财产。也就是说，作为监护人只能做有利于被监护人财产的事情，不得有损害其财产的行为。案例中的小卢和小莫虽然是小乐的监护人，但两人离婚分割财产只能分割夫妻共同财产范围内的财物，对于小乐的个人财产是无权进行分割的。

法条链接

《中华人民共和国民法典》

第二百一十六条 不动产登记簿是物权归属和内容的根据。

不动产登记簿由登记机构管理。

第二百一十七条 不动产权属证书是权利人享有该不动产物权的证明。不动产权属证书记载的事项，应当与不动产登记簿一致；记载不一致的，除有证据证明不动产登记簿确有错误外，以不动产登记簿为准。

第三十五条第一款 监护人应当按照最有利于被监护人的原则履行监护职责。监护人除为维护被监护人利益外，不得处分被监护人的财产。

55. 父母离婚的时候，得到抚养权的一方，是不是理所当然地得到了孩子的财产？

案例在线

由于父母工作忙，十岁的晓丹一直由奶奶照顾。奶奶去世前，将自己的集邮册通过遗嘱的方式留给了晓丹。没过多久，晓丹的父母因为感情不和离婚了，法院将晓丹的抚养权判给了父亲。父亲每天早出晚归，和晓丹没什么沟通。晓丹感到孤单时，就打开奶奶的集邮册看看，仿佛奶奶还陪在她身边。一天，晓丹放学后，照例想看看集邮册，却发现集邮册不见了，焦急万分，连忙给父亲打电话询问，父亲轻飘飘地回复她：“那本集邮册很值钱，我找懂行的朋友卖了。”晓丹伤心地问父亲为什么要擅自卖掉她的东西，父亲却很不高兴地对她说：“现在是我养你，你的东西当然就是我的。”那么，晓丹的父亲真的可以卖掉晓丹的集邮册吗？

依法解析

根据我国《民法典》的规定，因继承取得物权的，在继承开始时发生效力。也就是说，在本案例中，晓丹奶奶集邮册的所有权已经归属于晓丹，是晓丹的财产。晓丹虽然还是未成年人，但是法律赋予了她实施纯获利益行为的权利，她有权继承奶奶的遗产，也有权对集邮册享有所有权。

而根据《民法典》第三十五条的规定，晓丹的父亲作为监护人，虽然应当代理晓丹掌管她的财产，但是应当按照最有利于晓丹的原则履行监护职责，除了为维护晓丹的利益以外，无权擅自处分属于晓丹的财产。同时，在做出与晓丹的利益有关的决定时，他也应当尊重晓丹的真实意愿。集邮册对于晓丹来说，不仅仅是一项财产，其中承载的更多的是晓丹对奶奶的思念。晓丹父亲擅自卖掉这样具有纪念意义的遗产，不仅违反了法律，侵犯了晓丹的财产自主权，也会给父女之间的关系蒙上阴影。

法条链接

《中华人民共和国民法典》

第三十五条 监护人应当按照最有利于被监护人的原则履行监护职责。监护人除为维护被监护人利益外，不得处分被监护人的财产。

未成年人的监护人履行监护职责，在作出与被监护人利益有关的决定时，应当根据被监护人的年龄和智力状况，尊重被监护人的真实意愿。

……

56. 孩子自己有钱，可以想给谁就给谁，想怎么花就怎么花吗？

案例在线

小木今年十一岁，正在上五年级。小木的父母很开明，每年的压岁钱都交给小木自己保管，慢慢地，小木也攒下了不少钱。他平时表现得很阔气，经常请同学吃零食，如果有人的零花钱不够用，小木也会豪爽地借给他。最近，小木听说最新款的游戏机已经上市，非常想要一台，但是又害怕妈妈不同意。小木转念一想，反正我有钱，自己去买不就行了吗！于是，小木趁着周末上补习班的时候，瞒着父母悄悄去商场购买了一台价值三千元的新款游戏机。但是，小木把游戏机拿回家时，还是被妈妈发现了。妈妈生气小木乱花钱，不仅没收了小木的压岁钱，还将游戏机退回了商场。小木很不解：明明是我的钱，为什么不能想怎么花就怎么花呢？

依法解析

根据我国《民法典》第十九条的规定，八周岁以上的未成年人为限制民事行为能力人，其可以独立实施的民事法律行为有两种：第一，纯获利益的民事法律行为；第二，与其年龄、智力相适应的民事法律行为。除了上述两点外，限制民事行为能力人实施民事法律行为的，均需要由其法定代理人代理或者经其法定代理人同意、追认。

在上面的案例中，小木只有十一岁，还不具有完全民事行为能力，无法准确认识到自己的行为会造成什么样的法律后果，他能实施的民事法律行为还很有限。例如小木平时请同学吃零食，或者向同学提供一些小数额借款，这些行为与他的年龄并不违背，是可以实施的。但是，游戏机价值三千元，这样的大额消费已经超出了小木的认知范围，是不能够由他独自实施的，必须经过小木母亲的同意或是追认，购买游戏机的行为才能产生法律上的效力。出于对小木健康成长的考虑，小木母亲退掉游戏机的做法是正确的，这也可以引导小木养成正确的金钱观。

法条链接

《中华人民共和国民法典》

第十九条 八周岁以上的未成年人为限制民事行为能力人，实施民事法律行为由其法定代理人代理或者经其法定代理人同意、追认；但是，可以独立实施纯获利益的民事法律行为或者与其年龄、智力相适应的民事法律行为。

57. 赠与他人财物后，发生不愉快还能撤回赠与吗?

案例在线

小马是一名大学生，与同宿舍的小贺关系很好，两人一直称兄道弟，经常结伴去上课。小马家庭条件不错，手机电脑之类的电子产品，只要新款一上市，他都会立刻更换。但是小贺的家里比较困难，手机已经用了很多年，屏幕还碎了一块。小马见状，便答应小贺，等新款手机一上市，他就把自己现在的手机送给小贺用。一天，小马看见小贺正与自己的女朋友走在一起，举止看起来十分亲密。小马见状很是气愤，认定小贺抢了他的女朋友，于是立刻给小贺发消息，与小贺绝交，两人约定好的手机也不会再赠送给小贺了。那么，小马撤回对小贺的赠与承诺，是合法有效的吗？

依法解析

赠与是指赠与人将自己的财产无偿给予受赠人，受赠人表示接受赠与的行为。赠与具有单务性、无偿性、诺成性与不要式性的特征，赠与人背负的义务比受赠人更大，也因此，法律赋予赠与人撤回赠与的权利。

根据我国《民法典》第六百五十八条、第六百六十三条的规定，赠与人撤回赠与的权利包括任意撤销权与法定撤销权。任意撤销权是指赠与人在赠与财产的权利转移之前可以撤销赠与，但经过公证的赠与合同或者依法不得撤销的具有救灾、扶贫、助残等公益、道德义务性质的赠与合同，不得撤销。

在本案例中，虽然小马与小贺达成了口头上的赠与合同，但是赠与财产也就是小马的手机尚未交给小贺，手机的所有权还没有发生转移，而该赠与也并非法律规定的不得撤销的情形，因此，在手机交给小贺之前，无论出于什么原因，小马都可以撤销对小贺的赠与。

法条链接

《中华人民共和国民法典》

第六百五十八条 赠与人在赠与财产的权利转移之前可以撤销赠与。

经过公证的赠与合同或者依法不得撤销的具有救灾、扶贫、助残等公益、道德义务性质的赠与合同，不适用前款规定。

第六百六十三条 受赠人有下列情形之一的，赠与人可以撤销赠与：

（一）严重侵害赠与人或者赠与人近亲属的合法权益；

（二）对赠与人有扶养义务而不履行；

（三）不履行赠与合同约定的义务。

赠与人的撤销权，自知道或者应当知道撤销事由之日起一年内行使。

58. 不是故意弄坏别人的电脑，也需要赔偿吗？

案例在线

小勇今年十四岁，是一名中学生，平时妈妈管得很严，从来不让他玩游戏。好朋友小邦听说后，便叫小勇到他家玩。于是，每天放学后，小勇都借到小邦家里写作业的名义，在小邦家玩一会儿游戏才回家。一天，小邦告诉小勇，他家的笔记本电脑更换了新配置，比以前更好用了。小勇听后十分期待，一到小邦家就迫不及待地打开了电脑。小邦想起冰箱里有新买的汽水，便拿来一瓶给小勇喝。小勇体验着电脑流畅地运行，在喝汽水之余，情不自禁地手舞足蹈，向小邦分享自己的喜悦之情，不料汽水全洒在了电脑上，电脑顿时黑屏了。小勇见到这一幕，瞬间傻了眼。那么，小勇需要为自己的无心之举赔偿小邦的损失吗？

依法解析

根据我国《民法典》第一千一百六十五条第一款的规定，行为人因过错侵害他人民事权益造成损害的，应当承担侵权责任。这里的过错，是指在行为人实施侵权行为时，其所表现出来的故意和过失的心理状态，而在这两种心理状态下，行为人均应承担相应的法律后果。这表明，过错包括故意和过失，即使给他人造成的损害并不是故意为之，仍然需要进行赔偿。

在本案例中，小勇将汽水洒在电脑上并造成了电脑的损坏。小勇一边玩电脑一边喝汽水，作为一个十几岁的大孩子，他应当预料到自己的行为可能会导致汽水洒在电脑上。但是，由于一时的兴奋，小勇忽视了这一点，最终导致电脑被损坏。他对此是具有过失的，应当对自己的行为负责任。根据我国《民法典》第一千一百八十八条的规定，限制民事行为能力人造成他人损害的，由监护人承担侵权责任；有财产的限制民事行为能力人，从本人财产中支付赔偿费用，不足部分由监护人赔偿。根据此条规定可知，应当由小勇的父母对小邦的损失进行赔偿。

法条链接

《中华人民共和国民法典》

第一千一百六十五条第一款 行为人因过错侵害他人民事权益造成损害的，应当承担侵权责任。

第一千一百八十四条 侵害他人财产的，财产损失按照损失发生时的市场价格或者其他合理方式计算。

第一千一百八十八条 无民事行为能力人、限制民事行为能力人造成他人损害的，由监护人承担侵权责任。监护人尽到监护职责的，可以减轻其侵权责任。

有财产的无民事行为能力人、限制民事行为能力人造成他人损害的，从本人财产中支付赔偿费用；不足部分，由监护人赔偿。

第5章 我和我的平安出行

59. 当坐在轿车的副驾驶位置时，系安全带是必须的吗？

案例在线

到了周末，小业的父母决定一家人开车去农家乐玩。奶奶不常坐车，容易晕车，便坐到了副驾驶。奶奶觉得安全带勒着不舒服，便将安全带从身后绕过去插进了插口里。小业见状，连忙对奶奶说："我们老师告诉我们，坐车必须要系安全带。"但奶奶无所谓地说："不系安全带也没事，你爸爸开车很小心，咱们又不会出车祸。"当车辆行驶到中途时，执勤的交警发现副驾驶的奶奶没有系安全带，便立即将车辆拦停，表示奶奶违反了交通规则。当坐在车辆的副驾驶位置时，系安全带是必须的吗？

依法解析

根据我国《道路交通安全法》第五十一条的规定，在机动车行驶时，无论是驾驶人还是乘坐人员，都应当按照规定使用安全带。《公安部关于驾驶和乘坐小型客车必须使用安全带的通告》第二条规定，凡是已经装备安全带的小型客车在行驶时，驾驶员和前排座乘坐人应当使用安全带。从这两条规定可以看出，当坐在副驾驶时，不使用安全带是违反法律规定的。安全带能有效减少事故发生时对车内人所造成的伤害，在行车过程中按照规定系好安全带，不仅仅是法律的要求，更是对自己的人身安全负责任的表现。

在上面的案例中，小业的奶奶认为只要开车小心，不系安全带也没什么大不了的。这种想法是完全错误的。并且，大人的行为对未成年人有着示范和引导的作用，遵守法律的规定系好安全带，也能给孩子遵守交通规则起到很好的榜样作用。对于奶奶的违章行为，小业的父亲作为驾驶员，也应当承担起责任，按照《公安部关于驾驶和乘坐小型客车必须使用安全带的通告》第三条的规定，也需要接受相应的处罚。

法条链接

《中华人民共和国道路交通安全法》

第五十一条 机动车行驶时，驾驶人、乘坐人员应当按规定使用安全带，摩托车驾驶人及乘坐人员应当按规定戴安全头盔。

《公安部关于驾驶和乘坐小型客车必须使用安全带的通告》

二、自本通告公布之日起，凡已装备安全带的小型客车在行驶时，驾驶员和前排座乘车人应当使用安全带。

三、自1993年7月1日起，所有小型客车在行驶时，驾驶员和前排座乘车人都必须使用安全带，违者对驾驶员处以警告或者5元罚款。对于没有装备安全带的车辆，公安机关不予核发牌证或者不准在道路上行驶。

60. 在校车上吃完早饭后，可以将垃圾随手扔出车外吗？

案例在线

小哲是一名高一学生，由于学校离家里距离比较远，他每天需要乘坐校车上下学。一天，小哲早上起晚了，还没来得及吃早饭，校车就已经到达了他家门口。于是，小哲的妈妈便将早饭装到袋子里，让小哲在车上吃。小哲匆匆忙忙地上了校车，车刚一启动，小哲就拿出早饭吃了起来。肚子填饱后，小哲看着手里剩下的垃圾犯了难。他包里没有垃圾袋，车上也没有扔垃圾的地方。小哲左看右看，发现没有人注意到他，便悄悄打开车窗，从窗口将垃圾扔到了车外的马路上。小哲的行为正确吗？

依法解析

乘坐车辆时向车外扔垃圾是一种十分不文明的行为，不仅会污染环境，还可能会给行驶中的车辆带来危险，影响公共安全。《道路交通安全法》第六十六条规定，乘车人不得向车外抛洒物品。从这条规定中可以看出，不仅仅是垃圾，任何东西都是不能通过车窗向路面抛洒的。

在上面的案例中，小哲吃完早餐后的垃圾因为没地方扔，便被他悄悄地扔出了车窗。小哲的这种行为不仅仅要受到道德的谴责，还违反了法律的规定。小哲应当反思自己的错误，认识到自己的行为会对交通安全带来多么严重的后果。同时增强自己的交通安全意识，坚决避免这种错误再次发生。

法条链接

《中华人民共和国道路交通安全法》

第六十六条 乘车人不得携带易燃易爆等危险物品，不得向车外抛洒物品，不得有影响驾驶人安全驾驶的行为。

第八十九条 行人、乘车人、非机动车驾驶人违反道路交通安全法律、法规关于道路通行规定的，处警告或者五元以上五十元以下罚款；非机动车驾驶人拒绝接受罚款处罚的，可以扣留其非机动车。

61. 九岁的孩子可以坐摩托车的后座吗?

案例在线

珠珠今年九岁，是一名小学生，因为上学路途比较远，平时主要由爸爸负责开车接送她上下学。一天，珠珠爸爸的车发生了追尾事故，只能送到修车厂进行修理。没有了车，该怎么送珠珠上学成了个问题。正好最近珠珠的表哥刚考过了摩托车驾驶证，买了一辆新的摩托车，他便主动请缨，这几天暂时由他来送珠珠上学。于是，表哥让珠珠坐在摩托车后座上，驾驶着摩托车前往珠珠的学校。就在快要到学校时，珠珠和表哥被交警拦下。交警表示，珠珠年龄太小，不能坐在摩托车的后座上。那么，交警的说法有法律依据吗?

依法解析

摩托车作为机动车的一种，依据法律规定，是可以载人的。但是，和非机动车相比，摩托车的车速较快，后座载人时也没有特别的安全措施。为了保证摩托车在行驶过程中的行车安全，也为了保护后座乘客的生命健康，法律对于摩托车后座乘客的年龄作出了相应限制。根据《道路交通安全法实施条例》第五十五条第(三)项的规定，摩托车后座不得乘坐未满十二周岁的未成年人。

未满十二周岁的未成年人身体素质比较弱，乘坐摩托车后座时非常容易因坐不稳或抓不牢而发生意外。在上面的案例中，珠珠只有九岁，按照法律的规定，是不可以乘坐摩托车后座的。珠珠的父母作为珠珠的监护人，更应当保护珠珠的生命健康，以身作则增强孩子的道路交通安全意识。虽然表哥主动提出帮忙接送珠珠是出于好意，但为了珠珠的生命健康着想，珠珠的父母也应当拒绝珠珠表哥的提议。在车辆维修期间，珠珠可以采取其他更为安全的出行措施，例如乘坐公交车或出租车来上下学。

法条链接

《中华人民共和国道路交通安全法实施条例》

第五十五条 机动车载人应当遵守下列规定：

……

（三）摩托车后座不得乘坐未满十二周岁的未成年人，轻便摩托车不得载人。

62. 十一岁的小学生可以骑共享单车上路吗？

案例在线

前不久，小西刚刚过完自己的十一岁生日。小西觉得，自己已经到了十一岁，已经是个大孩子了，便向父母提出要自己一个人去上学。父母觉得这是个锻炼小西的好机会，便同意了。小西的学校距离比较远，靠步行需要花费不少时间。小西害怕迟到，正好看见路边停放着一排共享单车，便请爸爸用手机给他扫一辆共享单车，他骑车去上学。爸爸想着小西很小就会骑自行车了，骑车去上学应该也没什么问题。可是，还没骑出多远，小西就被执勤的交警拦下了。交警对小西说："孩子，你多大了？未满十二周岁是不能骑车上路的。"小西可以骑共享单车去上学吗？

依法解析

根据《道路交通安全法实施条例》第七十二条第（一）项的规定，必须年满十二周岁，才能驾驶自行车和三轮车上路。很多人误认为，只要学会了骑自行车，无论多大年龄的人都能够骑着自行车上路。实际上，虽然自行车的操作难度较低，很多小孩子也可以熟练掌握骑自行车的技巧，但是自行车归根到底是一种交通工具，如果不对其进行限制，仍旧会给交通安全带来不可小觑的问题。

在上面的案例中，小西刚满十一岁，即使他认为自己已经长大了，但实际上他的身体和心理都还没有发育成熟，对交通规则的认识也不够充足，是不能够骑车上路的。作为小西的监护人，小西的父亲非但没有制止，还默许了小西骑车上路的行为，他也没能尽到自己监护人的责任。小西和父亲都应当加强对《道路交通安全法》及《道路交通安全法实施条例》的学习，增加自己的交通安全知识，共同维护交通安全。

法条链接

《中华人民共和国道路交通安全法实施条例》

第七十二条 在道路上驾驶自行车、三轮车、电动自行车、残疾人机动轮椅车应当遵守下列规定：

（一）驾驶自行车、三轮车必须年满十二周岁；

……

63. 酒后不能开车，难道连自行车也不能骑吗？

案例在线

高中毕业后，小殷报考了一所外省的大学。在大学里，小殷得知，学生们会自发地举办同乡会，可以在同乡会上认识不少老乡。小殷对此十分感兴趣。他听说这周末在校外某饭店就有自己家乡的同乡会，便兴冲冲地准备前往。同乡会上，小殷认识了许多老乡，大家聊天说笑，不知不觉就喝了不少酒。酒席散后，已经是近半夜，没有公交车了，一些同学不想打车回去，便扫了共享单车，想要骑车回学校。但其中有女生觉得酒后骑自行车跟酒后开车一样，也是非常危险的，她奉劝大家不要骑车回去，坚持给大家叫了出租车。喝酒后是不能骑自行车的吗？

依法解析

酒精会麻痹人的神经，在醉酒以后，人的辨认能力和反应能力都会有所减退，当人在这种情况下驾驶交通工具时，发生交通事故的概率也会大大提高。我国《道路交通安全法实施条例》第七十二条第（三）项规定，不得醉酒在道路上驾驶自行车、三轮车、电动自行车、残疾人机动轮椅车。也就是说，和大众接受度更高的禁止酒后驾驶机动车辆一样，酒后驾驶非机动车辆同样也是被法律所禁止的。

在上面的案例中，小殷等人喝多了酒，想要骑共享单车，他们忽略了自行车作为交通工具，同样会发生交通事故，影响交通安全，醉酒骑车同样具有很大的危害。而那位女生的做法就非常值得称赞了。

法条链接

《中华人民共和国道路交通安全法实施条例》

第七十二条 在道路上驾驶自行车、三轮车、电动自行车、残疾人机动轮椅车应当遵守下列规定：

……

（三）不得醉酒驾驶；

……

64. 刚上初中的学生可以骑电动车上学吗？

案例在线

小融十三岁，正在上初一，需要每天乘坐公交车上学。时间一长，小融觉得坐公交车上学太不方便了。早上上学的学生很多，又是上班高峰期，公交车过于拥挤。而且公交车路上情况多，也不一定准时。于是，小融便央求父母给自己买一辆电动车，让他骑电动车上学。父母听了小融的理由后，觉得可以理解，便为他买了一辆电动车。自从开始骑电动车上学后，小融的时间宽裕了许多，再也不用每天匆匆忙忙地赶公交了，早上也能多睡一会儿。那么，小融作为一名初中生，可以骑电动车上学吗？

依法解析

近些年来，选择使用电动车出行的人越来越多，其中也不乏年纪比较小的未成年人。对于骑电动车上路的年龄限制，我国《道路交通安全法实施条例》第七十二条第（二）项作出了规定：驾驶电动自行车和残疾人机动轮椅车必须年满十六周岁。对于自行车上路的问题，我国法律也规定了十二周岁的年龄限制。相较于普通的自行车，电动自行车的速度更快，需要驾驶人更加完善的辨认和控制能力，驾驶电动车上路的年龄限制也相应地需要更高一些。也就是说，未满十六周岁的未成年人，是不允许驾驶电动车上路的。

在上面的案例中，小融为了上学方便，选择了驾驶电动车，但是忽略了驾驶电动车上路也是有年龄要求的。小融还未满十六周岁，根据法律的规定，他是不能驾驶电动车上路的。虽然电动车快捷而又便利，但小融只能放弃骑电动车上学，而选择一些适合他年龄的出行方式。比如，小融可以骑自行车上学，也可以乘坐公交车上学。这样做不仅仅是对小融自己的生命安全负责，也是对其他广大行人和车辆的安全负责。

法条链接

《中华人民共和国道路交通安全法实施条例》

第七十二条 在道路上驾驶自行车、三轮车、电动自行车、残疾人机动轮椅车应当遵守下列规定：

……

（二）驾驶电动自行车和残疾人机动轮椅车必须年满16周岁；

……

65. 骑电动车时有限速要求吗?

案例在线

小董是一名大学生，家境不是很好。为了减轻家里的经济负担，他经常在课后外出勤工俭学，给自己挣点生活费。为了节省路上的时间，小董一咬牙，在二手市场购买了一辆电动车。一天，小董由于社团活动耽误了些时间，眼看打工就要迟到了。小董生怕迟到会被扣工资，便加快了电动车的速度，在路上飞奔。看着时间一分一秒地流逝，小董越来越心急，骑车的速度也越来越快。在经过一个路口时，不远处有个交警向小董示意，要求他停下。小董不明就里，交警告诉他，他已经超速行驶，需要接受处罚。骑电动车也有时速的限制吗?

依法解析

随着科技的发展，电动车逐渐走进人们的生活中。与普通的自行车相比，电动车速度更快，骑起来更为省力；与小轿车相比，电动车体积小巧，不需要费力寻找停车位，短距离出行更为方便快捷。近几年来，电动车越来越普及，道路上各种电动车违规违章事件也越来越常见。为了解决这一类问题，需要法律对电动车出行进行严格的规定。我国《道路交通安全法》第五十八条规定，残疾人机动轮椅车、电动自行车在非机动车道内行驶时，最高时速不得超过十五公里。也就是说，在驾驶电动车上路时，并不能随性而为，想骑多快就骑多快，而应当注意时速的限制，避免因超速而违反法律的规定。

在上面的案例中，小董因为赶时间，以为电动车不受时速的限制，便将电动车骑得飞快，这种行为是违反法律规定的。小董应当认识到，无论是什么车，当速度超过一定限度后，都容易发生交通事故。对于小董的行为，交警可以依据《道路交通安全法》第八十九条的规定，对小董进行相应的警告或罚款处罚。

法条链接

《中华人民共和国道路交通安全法》

第五十八条 残疾人机动轮椅车、电动自行车在非机动车道内行驶时，最高时速不得超过十五公里。

第八十九条 行人、乘车人、非机动车驾驶人违反道路交通安全法律、法规关于道路通行规定的，处警告或者五元以上五十元以下罚款；非机动车驾驶人拒绝接受罚款处罚的，可以扣留其非机动车。

66. 幼儿园大班的小朋友放学后可以独自上路回家吗？

案例在线

彤彤在幼儿园读大班，由于父母工作忙，平时都由奶奶负责接送她。一天，奶奶正准备出门接彤彤回家时，不慎在楼梯口扭了脚。邻居发现后，连忙将彤彤奶奶送往医院。彤彤的父母当天都在外地出差，暂时无法接彤彤回家，便给彤彤的老师打电话，拜托老师暂时照顾彤彤一会儿，他们正在想办法看怎么接孩子。彤彤听说没人来接自己，心想：反正家离幼儿园也不远，我已经是个大孩子了，可以自己回家了。于是，彤彤趁着老师和门口保安不注意，悄悄地走出了幼儿园，自己回家了。彤彤可以在无人带领的情况下，独自上路回家吗？

依法解析

根据我国《道路交通安全法》第六十四条第一款的规定，学龄前儿童在道路上通行，应当由其监护人、监护人委托的人或者对其负有管理、保护职责的人带领。从这条规定可以看出，学龄前儿童还不具备辨认和控制自己行为的能力，由于他们年纪太小，对世界的认知还很有限，对交通安全也基本上没什么概念。如果让他们独自上路，极易发生交通事故，造成无法挽回的遗憾。因此，只有在其他人的带领下，学龄前儿童才可以上路通行。

在上面的案例中，彤彤还在上幼儿园大班，是典型的学龄前儿童。根据法律的规定，她是不可以独自上路回家的。在面对家中没人来接自己放学的突发情况时，彤彤应当乖乖地在幼儿园继续等待父母或老师的安排，而不应直接逞强自己独自回家。幼儿园的老师和保安也应当担负起对孩子们的照看职责，不应像上面案例中一样，因为疏忽而让彤彤离开幼儿园。

法条链接

《中华人民共和国道路交通安全法》

第六十四条第一款 学龄前儿童以及不能辨认或者不能控制自己行为的精神疾病患者、智力障碍者在道路上通行，应当由其监护人、监护人委托的人或者对其负有管理、保护职责的人带领。

67. 在马路上滑轮滑是违法行为吗?

案例在线

小洁从小就很喜欢滑轮滑，还参加了课外轮滑课，经常在市里举办的少年轮滑比赛中得奖。平时，小洁只能在专门的轮滑场地进行练习，她总觉得场地不够宽阔，很希望能穿着轮滑鞋到更加宽阔的大路上去尽情地飞驰。经过一段时间的观察，小洁发现，小区外面的那条马路上很少有车经过，而且路面平整宽阔，非常适合滑轮滑。于是，小洁就在周末休息的时候，带着自己的轮滑鞋来到了马路上。小洁终于能如愿以偿地在马路上飞驰，感到十分快乐。小洁在马路上滑轮滑的行为，符合法律的规定吗?

依法解析

为了使交通秩序更加有条不紊，各种车辆都能在道路上有序通行，国家把道路分成机动车道、非机动车道和人行道，不同种类的车辆只能在法律规定的道路上通行，不能串道通行。在道路上只能进行交通通行，不能进行其他体育或娱乐类活动。我国《道路交通安全法实施条例》第七十四条第（一）项规定，行人不得在道路上使用滑板、旱冰鞋等滑行工具。也就是说，在道路上滑轮滑会妨碍交通的有序进行，是违反法律规定的。

在上面的案例中，小洁为了追求更加广阔的轮滑环境，而选择在马路上进行轮滑。这种行为是交通安全意识淡薄的表现，违反了法律的规定。小洁热爱运动，这值得鼓励，但她应当选择专门的轮滑场所进行轮滑，不应因马路上通行车辆较少就占用马路进行轮滑活动。

法条链接

《中华人民共和国道路交通安全法实施条例》

第七十四条 行人不得有下列行为：

（一）在道路上使用滑板、旱冰鞋等滑行工具；

……

《中华人民共和国道路交通安全法》

第八十九条 行人、乘车人、非机动车驾驶人违反道路交通安全法律、法规关于道路通行规定的，处警告或者五元以上五十元以下罚款；非机动车驾驶人拒绝接受罚款处罚的，可以扣留其非机动车。

68. 接孩子放学时，家长可以因为没地方停车就把车停在路上吗？

案例在线

小柔是一名高中生，在寄宿制学校就读。放假时，学校宿舍要重新粉刷，要求学生将行李全部带回家里。于是，小柔便让爸爸开车来接她，顺便把行李带回去。小柔爸爸将车开到校门口后，发现学校的停车场都停满了车，连马路边上也没有空余的位置。无奈之下，小柔爸爸只能将车临时停在了人行道上。由于小柔爸爸的车体积比较大，停在人行道上后便将人行道堵了个严严实实，行人通行很不方便。正当小柔和爸爸搬行李的时候，车就被交警贴上了罚单。小柔对此感到很费解，没有停车位时，临时把车停放在路旁也违反交通规则吗？

依法解析

根据我国《道路交通安全法》第五十六条的规定，机动车应当在规定地点停放；禁止在人行道上停放机动车；在道路上临时停车的，不得妨碍其他车辆和行人通行。从这条规定可以看出，在没有停车位时，机动车的驾驶人是可以将车临时停在路边的。但是，法律同时对此进行了限制性规定，一是临时停车时不得将车停放在人行道上，二是不得妨碍其他车辆和行人通行。

在上面的案例中，小柔的爸爸因为没有停车位就将车停在了人行道上，对行人通行造成了一定程度的妨碍，这种行为已经违反了法律的规定。在学校附近没有停车位时，小柔的爸爸可以将车开到较远的停车场进行停泊，或者寻找一个不会对交通产生妨碍的地方临时停车。依据《道路交通安全法》第九十三条的规定，交警是有权对小柔爸爸的违章行为进行相应处罚的。

法条链接

《中华人民共和国道路交通安全法》

第五十六条 机动车应当在规定地点停放。禁止在人行道上停放机动车；但是，依照本法第三十三条规定施划的停车泊位除外。

在道路上临时停车的，不得妨碍其他车辆和行人通行。

第九十三条 对违反道路交通安全法律、法规关于机动车停放、临时停车规定的，可以指出违法行为，并予以口头警告，令其立即驶离。

机动车驾驶人不在现场或者虽在现场但拒绝立即驶离，妨碍其他车辆、行人通行的，处二十元以上二百元以下罚款，并可以将该机动车拖移至不妨碍交通的地点或者公安机关交通管理部门指定的地点停放。公安机关交通管理部门拖车不得向当事人收取费用，并应当及时告知当事人停放地点。

因采取不正确的方法拖车造成机动车损坏的，应当依法承担补偿责任。

69. 坐火车可以不对号入座吗？

案例在线

迎来盼望已久的暑假，小杨准备和同学乘坐火车外出旅游。虽然票比较紧张，但幸运的是他们买到了靠窗相邻的座位。出行这一天他们兴高采烈地登上火车，却发现小杨的位置上已经有一位大爷，而且把吃的喝的在小桌板上摆满了，俨然把这里当成了自己的座位。小杨和同学面面相觑，他拿出车票，说明是自己的位置，请大爷回到自己的位置上，但大爷对他们不屑一顾道："火车是你家的？只要有票，坐哪儿都行，谁规定了必须按票坐？而且我家里人就在旁边，我们就想挨着坐。"说完他还拿出自己的车票，让小杨到他的位置去。小杨很不高兴，他尴尬地站了一会儿，转头去找乘务员，要求坐到自己车票对应的位置上。那么，大爷可以这样做吗，违法了吗？

依法解析

上面案例中大爷的做法是没有根据的，也是违反法律规定的，小杨可以要求对方对号入座，从而坐在自己的座位上。按照票面的座位号乘坐交通工具，既是旅客的权利，也是旅客的义务。根据我国《民法典》第八百一十五条第一款的规定，旅客应当按照票上的时间、班次和座位号乘坐。也就是说，乘坐火车、飞机、轮船等交通工具，必须对号入座。

旅客手中的客票可以表明，旅客和运输方也就是承运人之间，已经缔结了客运合同关系。而依照客票上约定的事项乘车，既是旅客应该履行的义务，同时也是旅客的权利，包括按照车票上的乘车时间、班次，以及座位号乘坐。

此外，不按照座位号入座，甚至抢座、霸座的行为，不仅侵犯了其他乘客的权利，还有可能会扰乱公共交通工具的运行秩序。根据《治安管理处罚法》第二十三条的规定，在公共交通工具上霸占座位拒不退还，如果扰乱到公共交通工具的秩序，将会被处以警告或者二百元以下罚款；情节较重的，处五日以上十日以下拘留，还可以一并处以五百元以下罚款。

在上面的案例中，老大爷不按照座位号乘坐列车，既违反了旅客的义务，也侵犯了小杨按座位号乘坐列车的权利。并且，如果他拒不退还给小杨座位，扰乱到火车上的秩序，铁路公安可以依据《治安管理处罚法》对其进行相应的处罚。

法条链接

《中华人民共和国民法典》

第八百一十五条第一款 旅客应当按照有效客票记载的时间、班次和座位号乘坐。旅客无票乘坐、超程乘坐、越级乘坐或者持不符合减价条件的优惠客票乘坐的，应当补交票款，承运人可以按照规定加收票款；旅客不支付票款的，承运人可以拒绝运输。

《中华人民共和国治安管理处罚法》

第二十三条 有下列行为之一的，处警告或者二百元以下罚款；情节较重的，处五日以上十日以下拘留，可以并处五百元以下罚款：

……

（二）扰乱公共汽车、电车、火车、船舶、航空器或者其他公共交通工具上的秩序的；

……

第 6 章　我和我的网络世界

70. 未成年人上网保护软件是怎么回事？对青少年有什么意义？我们青少年应该怎样配合？

案例在线

小博今年十三岁，是一名正在读初一的学生。期中考试时，小博取得了班级第一的好成绩。为了奖励小博，父母为小博购买了一部他想要了好久的平板电脑。拿到平板电脑后，小博爱不释手，每天都要花费好几个小时来浏览网页或是打游戏。父母担心小博会因此耽误学习，也担心他在上网时会接触到不利于未成年人的有害信息。于是，小博的父母在平板电脑上安装了一款名为“绿色童年”的上网保护软件。小博还是第一次知道有这样的软件存在，他对此感到很好奇，未成年人上网保护软件究竟有什么作用呢？作为未成年人，应当怎样文明上网呢？

依法解析

未成年人上网保护软件，是一种通过限制未成年人上网时间、监测未成年人浏览内容等方式，来避免未成年人受到网络不良信息侵扰的软件。根据我国《未成年人保护法》第七十一条的规定，未成年人的父母或其他监护人应当对未成年人使用网络的行为起到监督和引导的作用，通过在智能终端产品上安装未成年人网络保护软件、选择适合未成年人的服务模式和管理功能等方式，避免未成年人接触危害或者可能影响其身心健康的网络信息，合理安排未成年人使用网络的时间，有效预防未成年人沉迷网络。由此可见，未成年人上网保护软件不仅能够协助监护人对未成年人进行监督，也可以协助未成年人进行自我管理，保障未成年人的健康成长。

在上面的案例中，小博只有十三岁，在面对网络的不良信息时，只靠小博自己难以对各种信息进行全面的筛选，也不一定能选择出适合自己的内容来观看。而小博的父母需要工作，要求他们时时刻刻对小博进行监督未免有些不太现实。此时，就需要未成年人上网保护软件的帮助。作为未成年人，小博自己也应当加强自我管理意识，增强自己的自控能力，自觉遵守父母规定的上网时间，防止沉迷网络。

法条链接

《中华人民共和国未成年人保护法》

第七十一条 未成年人的父母或者其他监护人应当提高网络素养，规范自身使用网络的行为，加强对未成年人使用网络行为的引导和监督。

未成年人的父母或者其他监护人应当通过在智能终端产品上安装未成年人网络保护软件、选择适合未成年人的服务模式和管理功能等方式，避免未成年人接触危害或者可能影响其身心健康的网络信息，合理安排未成年人使用网络的时间，有效预防未成年人沉迷网络。

71. 在寄宿制初中，学生也不能带智能手机吗？

案例在线

丝丝今年十四岁，在一所寄宿制初中念初二。父母担心有急事时丝丝无法及时联络家里，便为丝丝购买了一部智能手机，让她带到学校去，以备不时之需。每天晚上，丝丝使用手机和父母通话后，都会把手机藏在枕头下。一天早上，丝丝不小心起晚了。眼看上课就要迟到，便没顾得上像往常一样将手机藏好。老师在检查宿舍卫生时，无意间发现了丝丝的手机。发现手机后，老师当即将手机没收，并对丝丝进行了通报批评。丝丝对此感到很委屈，她只是用手机和父母打电话而已，难道这样也不行吗？

依法解析

未成年人缺乏自控能力，如果允许未成年人将手机带入校园，确实会对未成年人的学习生活产生一定的影响。根据我国《未成年人保护法》第七十条的规定可知，学校在开展教学活动时，应当合理使用网络。在未经学校允许时，是不允许未成年学生将手机等智能终端产品带入课堂的。但是，这并不代表学生绝对不能将手机带入学校，学校和课堂是两回事。如果学生确有需要携带手机进校园的，应当交由学校进行统一管理。同时，学校在发现未成年人有沉迷网络或电子设备等情形的，也应当及时通知监护人。

在上面的案例中，丝丝因住校需要与父母联系，而携带手机进入校园，老师发现后对她进行了通报批评。作为一名学生，学习才是现阶段的第一要务。未成年人自控力差，即使是出于一些原因而携带手机，也有可能控制不住自己，沉迷于手机而耽误学习。如非必要，未成年人最好还是不要将手机带入学校。本案中，丝丝应当在携带手机前及时向老师报备，老师在发现丝丝携带手机后，可以对丝丝带手机进入学校的原因进行了解，并暂时对丝丝的手机进行保管。

法条链接

《中华人民共和国未成年人保护法》

第七十条 学校应当合理使用网络开展教学活动。未经学校允许，未成年学生不得将手机等智能终端产品带入课堂，带入学校的应当统一管理。

学校发现未成年学生沉迷网络的，应当及时告知其父母或者其他监护人，共同对未成年学生进行教育和引导，帮助其恢复正常的学习生活。

72. 妈妈为了控制我看短视频，要我使用青少年模式，这也有法律依据吗？

案例在线

茉茉是一名六年级的小学生，和其他孩子一样，她也对各种各样的电子产品充满了浓厚的兴趣。茉茉经常偷偷地使用妈妈的手机在某音软件上浏览短视频。没过多久，茉茉的妈妈就发现了这件事。她担心茉茉年龄还小，无法对网上的一些有害信息进行筛选，便要求茉茉在使用该软件时开启青少年模式。茉茉认为开启青少年模式后，有趣的视频就会大大减少，对妈妈的要求很不满意。那么，要求青少年在浏览网上内容时开启青少年模式，是否有法律依据呢？

依法解析

根据我国《未成年人保护法》第七十四条的规定，网络产品和服务提供者不得向未成年人提供诱导其沉迷的产品和服务，并同时应当针对未成年人设置相应的时间管理、权限管理、消费管理等功能。从这条规定可以看出，为了防止未成年人沉迷网络、遭受网络侵害，网络产品和服务提供者对未成年人享有特殊的保护义务，应当对未成年人的上网时间、上网权限、消费管理等进行一定的限制。大多数软件都以在软件中设置青少年模式的方式来达成履行此义务的目的，青少年在浏览网络时，也应当自觉开启青少年模式。

在上面的案例中，茉茉悄悄用妈妈的手机刷短视频，茉茉妈妈发现后，要求她必须开启青少年模式。茉茉妈妈的行为并不是为了限制茉茉浏览有趣的视频，而是为了帮助茉茉避开网络上不适合未成年人接触的各种信息，从而保障茉茉的健康成长。茉茉作为未成年人，在上网时也应当积极进行自我管理、自我监督。

法条链接

《中华人民共和国未成年人保护法》

第七十四条 网络产品和服务提供者不得向未成年人提供诱导其沉迷的产品和服务。

网络游戏、网络直播、网络音视频、网络社交等网络服务提供者应当针对未成年人使用其服务设置相应的时间管理、权限管理、消费管理等功能。

……

73. 线上钢琴陪练课给学生推送广告，违法了吗？

案例在线

暑假期间，小祥的妈妈为他报名了暑期钢琴班。钢琴老师要求小祥必须每天都至少练习一首钢琴曲。小祥的父母工作都比较忙，妈妈担心他们不在家时小祥会对练琴有所懈怠，便在线上一家钢琴陪练机构报了名，每天帮忙监督和陪伴小祥练琴。一天，小祥妈妈下班时，小祥突然提出要购买某品牌的游戏机。小祥妈妈对此感到很奇怪，追问之下，才知道小祥是看到了该线上陪练机构推送的游戏机广告。该机构这种向未成年人推送与教学无关的广告的行为，是否符合法律的规定呢？

依法解析

我国《未成年人保护法》第七十四条第三款规定，以未成年人为服务对象的在线教育网络产品和服务，不得插入网络游戏链接，不得推送广告等与教学无关的信息。根据这条规定可以看出，当在线教育网络产品和服务以未成年人为主要服务对象时，其职责主要是帮助父母或其他监护人对未成年人进行教育，其他与教学无关的行为是不应当出现的。对于未成年人来说，这类教育机构占据优势地位，由他们推送的广告或游戏对未成年人来说更具有说服力，也就更容易对未成年人产生不利的影响。

在上面的案例中，小祥的妈妈为了更好地监督小祥练琴，为小祥报名了线上陪练课程，却没想到陪练机构竟然向小祥推送与练琴内容无关的广告链接。该机构的行为超出了法律为其规定的职责范围，违反了法律的规定，也会对小祥的思想产生潜移默化的影响。发现线上网络课程有类似的违法违规行为后，未成年人的父母也可以向相关网络监督部门进行举报，来维护孩子的权益。

法条链接

《中华人民共和国未成年人保护法》

第七十四条第三款 以未成年人为服务对象的在线教育网络产品和服务，不得插入网络游戏链接，不得推送广告等与教学无关的信息。

74. 未成年人玩网络游戏，一定要做身份认证吗？

案例在线

硕硕是一名高中生，还未满十八周岁，他平时课余时间喜欢在网上玩游戏。一天，硕硕发现自己一直关注的某款游戏今天正式开服，便迫不及待地到官网将游戏下载了下来。登录游戏后，在进行账号注册时，游戏内弹出了一个提示框，表示硕硕只有在进行实名登记后才能进入游戏。硕硕担心自己的身份信息会因此泄露，便随便编了一个身份证号码进行注册，但注册未能成功。硕硕对实名登记制度十分不理解，他不明白自己又不是在玩不适宜未成年人游玩的游戏，为什么一定要进行身份认证呢？

依法解析

首先，对用户进行身份认证是法律规定的网络游戏服务提供者应当履行的义务。根据《未成年人保护法》第七十五条的规定，网络游戏服务提供者应当要求未成年人以真实身份信息注册并登录网络游戏。也就是说，法律要求网络游戏服务提供者建立起未成年人防沉迷系统，从而完善未成年人网络保护机制，以更加全面地保障未成年人的健康成长。其次，对于未成年人来说，身份认证能够帮助未成年人增加自控能力，在发生纠纷时也能更好地保障未成年人的合法利益。实名登记让网络游戏服务提供者能够迅速筛选出游戏中的未成年玩家，从而精准地为未成年人提供更加全面的保护。

在上面的案例中，硕硕认为实名登记制度增加了游戏注册的烦琐性，却忽略了实名登记会给未成年人带来的种种保障。相应地，如果网络游戏服务提供者未按照法律规定进行身份认证的，按照《未成年人保护法》第一百二十七条的规定，相关部门会对其实施相应的处罚措施。未成年人也可以对此进行监督，发现相关违法行为时，也应当积极向相关部门进行举报。

法条链接

《中华人民共和国未成年人保护法》

第七十五条 网络游戏经依法审批后方可运营。

国家建立统一的未成年人网络游戏电子身份认证系统。网络游戏服务提供者应当要求未成年人以真实身份信息注册并登录网络游戏。

……

第一百二十七条 信息处理者违反本法第七十二条规定，或者网络产品和服务提供者违反本法第七十三条、第七十四条、第七十五条、第七十六条、第七十七条、第八十条规定的，由公安、网信、电信、新闻出版、广播电视、文化和旅游等有关部门按照职责分工责令改正，给予警告，没收违法所得，违法所得一百万元以上的，并处违法所得一倍以上十倍以下罚款，没有违法所得或者违法所得不足一百万元的，并处十万元以上一百万元以下罚款，对直接负责的主管人员和其他责任人员处一万元以上十万元以下罚款；拒不改正或者情节严重的，并可以责令暂停相关业务、停业整顿、关闭网站、吊销营业执照或者吊销相关许可证。

75. 年满多少岁后，才能注册网络直播账号？

案例在线

小慧今年十四岁，她从小就十分喜欢唱歌，参加过许多次歌唱比赛，都取得了不错的成绩。声乐老师夸奖小慧领悟能力很高，是个可造之才。小慧听后十分高兴，她的梦想就是以后能够站上舞台，成为一名歌星，如今得到了老师的肯定，更增加了她的信心。小慧心想：我应该趁现在就开始打响自己的知名度，用自己唱歌的实力先收获一些粉丝。于是，小慧想在某直播平台上注册账号，准备每天在直播间内直播唱歌。但是，平台以小慧年龄未达标准为由，不允许小慧开启直播间。那么，年满多少岁后，才能注册网络直播账号？

依法解析

未成年人的认知能力还不成熟，也尚未形成完善的人生观与价值观，如果过早让未成年人接触网络直播平台，很可能对未成年人的成长产生不利的影响。因此，我国法律对未成年人进入直播平台的准入年龄进行了严格的限制。根据我国《未成年人保护法》第七十六条的规定可以得知，未成年人只有在年满十六周岁后，才能使用网络直播发布者账号注册服务。并且，网络直播服务提供者为年满十六周岁的未成年人提供网络直播发布者账号注册服务时，应当对其身份信息进行认证，并征得其父母或者其他监护人同意。

在上面的案例中，小慧只有十四岁，还没有达到法律所规定的进行网络直播的最低年龄限制，是不可以进行网络直播的。作为一名初中生，小慧的主要任务是学习，通过学习知识以及各种专业技能来提升自己。

法条链接

《中华人民共和国未成年人保护法》

第七十六条 网络直播服务提供者不得为未满十六周岁的未成年人提供网络直播发布者账号注册服务；为年满十六周岁的未成年人提供网络直播发布者账号注册服务时，应当对其身份信息进行认证，并征得其父母或者其他监护人同意。

76. 什么是网络欺凌？遇见的时候我们该怎么办？

案例在线

小蕊从小就乖巧懂事，是个品学兼优的好学生。升上高中后，老师任命小蕊担任班长一职。成为班长后，小蕊一直尽职尽责。

同班同学小蓝平时就不喜欢学习，经常不交作业，小蕊为此没少和小蓝起冲突。久而久之，小蓝对小蕊怀恨在心。她纠集了几个朋友，在学校论坛上大量发布关于小蕊的造谣帖，说小蕊人品不好，经常和校外的不良人士鬼混。同学们听信了帖子的谣言，纷纷开始孤立小蕊。小蕊内心十分痛苦，渐渐地产生了厌学情绪。小蕊是否正在遭遇网络欺凌？当遇到网络欺凌时，青少年应当怎样做？

依法解析

近年来，随着科技的不断发展，网络逐渐普及，未成年人遭受网络欺凌的现象也逐渐增多，令人无法忽视。因此，我国《未成年人保护法》第七十七条第一款规定，任何组织或者个人不得通过网络以文字、图片、音视频等形式，对未成年人实施侮辱、诽谤、威胁或者恶意损害形象等网络欺凌行为。

对于网络欺凌的加害者来说，对他人进行网络欺凌不受时间或地点的限制，随时随地都可以实施相关行为。同时，由于欺凌行为发生在网络上，也导致这种欺凌行为不再具有可视化，加害者不会直接看到自己的行为对他人造成的影响，也就难以认识到自己行为会造成怎样的严重后果。但是，对受害人来讲，这种行为造成怎样的侵害却是大范围的、全方位的，特别是对于未成年人来说，极易给他们造成心理创伤。因此，需要全社会对网络欺凌行为说“不”，共同维护未成年人健康快乐的成长环境。

在上面的案例中，小蓝因为与小蕊发生矛盾，就纠结其他人在网上对小蕊进行诽谤，给小蕊的内心造成了巨大的伤害，是典型的网络欺凌，是违法行为，并且，如果情节严重，造谣者年满十六周岁以上的，还可能要承担刑事法律责任。

面对网络欺凌行为，每个人都应当勇敢反抗。小蕊可以将此事如实告知老师、父母，在他们的协助下，通知网络服务提供者采取删除、屏蔽、断开链接等措施。网络服务提供者接到通知后，也应当及时采取必要的措施制止网络欺凌行为，防止信息扩散。

法条链接

《中华人民共和国未成年人保护法》

第七十七条 任何组织或者个人不得通过网络以文字、图片、音视频等形式，对未成年人实施侮辱、诽谤、威胁或者恶意损害形象等网络欺凌行为。

遭受网络欺凌的未成年人及其父母或者其他监护人有权通知网络服务提供者采取删除、屏蔽、断开链接等措施。网络服务提供者接到通知后，应当及时采取必要的措施制止网络欺凌行为，防止信息扩散。

《中华人民共和国刑法》

第二百四十六条第一款 以暴力或者其他方法公然侮辱他人或者捏造事实诽谤他人，情节严重的，处三年以下有期徒刑、拘役、管制或者剥夺政治权利。

77. 在互联网上，也要遵守现实中的公序良俗吗？

案例在线

小吴是一名大学生，他很喜欢看网络上的短视频。暑假来临，小吴有了时间，也想拍一些短视频。经过一番研究，他发现情景剧类的短视频最吸引观众。为了提高热度，小吴在剧情、服装和伴奏上下了一番功夫，在泥水中爬行的猎奇剧情、鲜艳的红领巾和滑稽的紧身裤、小上衣以及一些精挑细选的“阴间”音乐这些元素都在他拍摄的视频中体现，对此他十分满意。视频发布当天，就有不少观看量和点赞量。第三天，评论多了起来，虽然大都是负面的，但小吴认为，这是为艺术献身。第五天，视频平台对他发出了警告，要求他二十四小时内删除视频，但小吴不以为意，结果第六天，他的得意作品就被下架了，号也被封了，理由是作品内容有违公序良俗。那么，在虚拟的网络世界里也要遵守公序良俗吗？

依法解析

网络不是法外之地，在网络上也应该遵守公序良俗。《民法典》第八条规定，人们的行为不能违背公序良俗。公序良俗，是公共秩序与善良风俗的简称，它要求人们在实践中不能违背社会秩序和一般的道德准则，是一种法律价值体系的体现。也就是说，依照公序良俗原则，人们的行为不仅要符合善良风俗的习惯，还不能损害一般的公共秩序要求。

网络空间属于公共空间，网络秩序也是社会公共秩序的重要组成部分，因此，人们在虚拟世界的行为也要受到现实世界里法律和道德的规制。短视频作为一种深受大众喜爱的传播形式，创作者在创作中要注意其内容的性质和尺度，为了流量去挑战公共秩序和善良风俗的底线，不仅破坏网络生态，也会危害到现实世界。

小吴制作的短视频作品内容恶俗，违背了公序良俗，视频平台有理由下架他的作品，甚至封号。我们应该认识到，每个人都要为自己的言行负责。守护公序良俗，这不仅是每一个公民应负的道德责任，同时也是法律规定公民应当履行的责任。

法条链接

《中华人民共和国民法典》

第八条 民事主体从事民事活动，不得违反法律，不得违背公序良俗。

第7章 我和我的法律红线

78. 刚满十二岁的孩子杀了人，要承担刑事责任吗？

案例在线

小茂今年刚满十二岁，父母在城里打工，将他留在村里和爷爷奶奶一起生活。同班的小运总是嘲笑小茂是没有爹妈的孩子，经常对小茂呼来喝去，心情不好的时候还会打他出气。有一天，小运偷了班里同学的东西，被老师发现后，就诬陷小茂，谎称东西是小茂偷的。老师信以为真，便打电话叫来了小茂的爷爷。爷爷听说小茂居然偷东西，二话不说就把小茂揍了一顿。心里满是委屈的小茂对小运怀恨在心，他悄悄在书包里藏了一把水果刀，趁小运没防备时，朝小运身上扎去数刀，后小运不治身亡。警察接到报案后，将小茂作为重大嫌疑人，对他采取了强制措施。那么，小茂的行为究竟构成犯罪吗？

依法解析

小茂的行为构成故意杀人罪，他需要对自己的行为负刑事责任。

我国2021年生效的《中华人民共和国刑法修正案（十一）》对刑事责任年龄进行了适当的下调，根据《刑法》第十七条规定，对于犯故意杀人、故意伤害罪，致人死亡或以特别残忍手段致人重伤造成严重残疾，情节恶劣，经最高人民检察院核准追诉的行为人，其需要承担刑事责任的最低年龄为满十二周岁。但这并不表示所有年满十二周岁未满十四周岁的人犯故意杀人、故意伤害罪都需要承担刑事责任，其中，“致人死亡或者以特别残忍手段致人重伤造成严重残疾，情节恶劣，经最高人民检察院核准追诉的”是年满十二周岁未满十四周岁因故意杀人、故意伤害而承担刑事责任的必要条件。

在上面的案例中，小茂对小运积怨已久，出于报复的心理想要将小运置于死地，向小运行凶，并且最终导致了小运死亡这样一个无法挽回的严重结果，可以说，小茂的行为已经达到了需要接受刑事处罚的条件，只要最高人民检察院核准决定对小茂进行追诉，他就应当为自己的行为承担刑事责任。

生命权作为公民最宝贵的人身权利，在任何时候都不允许被非法剥夺。小茂法律意识的薄弱、家长的疏于管教、小运的任性妄为，共同导致了这场悲剧。家长应当重视对孩子的普法教育，孩子之间也应当互相团结友爱，共同构建和谐的社会氛围。

法条链接

《中华人民共和国刑法》

第十七条 已满十六周岁的人犯罪，应当负刑事责任。

已满十四周岁不满十六周岁的人，犯故意杀人、故意伤害致人重伤或者死亡、强奸、抢劫、贩卖毒品、放火、爆炸、投放危险物质罪的，应当负刑事责任。

已满十二周岁不满十四周岁的人，犯故意杀人、故意伤害罪，致人死亡或者以特别残忍手段致人重伤造成严重残疾，情节恶劣，经最高人民检察院核准追诉的，应当负刑事责任。

对依照前三款规定追究刑事责任的不满十八周岁的人，应当从轻或者减轻处罚。

因不满十六周岁不予刑事处罚的，责令其父母或者其他监护人加以管教；在必要的时候，依法进行专门矫治教育。

79. 觉得好玩往楼下扔东西，结果把人砸死了，要承担什么责任？

案例在线

一天，十一岁的小曾独自待在家中。他写完作业看了会儿书，觉得无聊，就用游戏机玩游戏。他正玩到兴头上，小区电路整修，突然停电了。小曾没有尽兴，便环顾四周，想找点有意思的事情做。他看到阳台，眼睛一转，心想，正好玩点刺激的。于是小曾从爸爸的鱼缸里捡来石头，往楼下扔石头玩。看着石头从二十多层的高空落下，他越玩越起劲，不料一块石头正好砸中了路过的小孟。由于楼层太高，石头又砸中小孟的头，小孟被送到医院后经抢救无效去世了。那么，小曾需要对小孟的死亡负责吗？

依法解析

在如今这个现代化社会里，高楼鳞次栉比，高空抛物这种不文明的现象也频繁发生，屡禁不止。进入21世纪以来，我国针对高空抛物问题先后出台了很多法律规定。

根据我国法律规定，高空抛物导致他人损害，后果严重的，不仅要承担民事上的赔偿责任，在我国2021年的《中华人民共和国刑法修正案（十一）》生效后，还需要承担刑事责任。在上面的案例中，小曾为了寻求刺激向楼下扔石头，造成了小孟死亡的严重后果，按照我国《刑法》第二百九十一条之二的规定，应当被处以一年以下有期徒刑、拘役或者管制。但由于小曾年龄尚小，还没有达到刑法规定的刑事责任年龄，因此不能对他进行刑事处罚，但是要责令监护人严加管教，或采取其他的管教措施，坚决杜绝这样的惨剧再次发生。同时，小曾的监护人还需要承担对小孟的侵权损害赔偿责任。

高空抛物行为是对其他不特定人群生命安全的严重不负责任，要遏制这种行为，不仅需要法律的严格规范，更需要每一位公民遵纪守法，共同努力。

法条链接

《中华人民共和国刑法》

第二百九十一条之二 从建筑物或者其他高空抛掷物品，情节严重的，处一年以下有期徒刑、拘役或者管制，并处或者单处罚金。

有前款行为，同时构成其他犯罪的，依照处罚较重的规定定罪处罚。

80. 与不满十四岁的女生恋爱并发生了性关系，构成强奸罪吗？

案例在线

十九岁的小航平时很喜欢去健身房锻炼身体。一天，他刚到健身房，就看到一张没见过的生面孔，便上前搭话。聊天中，小航得知对方名叫小雪，今年十三岁，正在念初中，因其妈妈在健身房做销售经理，闲暇时就来健身房玩。两人一见如故，越聊越投机，小航逐渐对小雪产生了好感。为了追求小雪，他每天对小雪嘘寒问暖，时不时给她买礼物，总是到学校门口等她放学。小雪在小航的攻势下也逐渐动了心，两人确定了恋爱关系。情到浓时，两人情不自禁地偷尝了禁果，发生了性关系。后来，小雪的母亲发现小雪有点不对劲，去医院一查，发现小雪竟然怀孕了。怒不可遏的母亲逼问小雪是怎么回事，小雪只能把自己与小航的恋情和盘托出，小雪母亲气愤之下报了警，警察以强奸罪对小航采取了强制措施。小航被捕后，百思不得其解，他和小雪明明是自由恋爱，怎么会构成强奸罪呢?

依法解析

强奸罪是指以暴力、胁迫或其他手段，违背妇女意志，强行与妇女发生性关系的行为。小航的行为乍看之下不构成强奸罪，但是根据我国《刑法》第二百三十六条第二款的规定，奸淫不满十四周岁的幼女的，以强奸论，从重处罚。所谓以强奸论，是指与未满十四周岁的幼女发生性行为时，即使行为尚不能符合构成强奸罪的要件，也要以强奸罪论处。这就表明，只要与未满十四周岁的幼女发生性关系，不论是否违背幼女意志，都构成强奸罪。

小航与小雪是在谈恋爱后发生性关系的，虽然小雪看起来是自愿的，但她作为未满十四周岁的幼女，她的认知能力还很有限，无法确定有效地支配自己的性自主权，她的自愿承诺在法律上是无效的。而小航作为已满十八周岁且有完全行为能力的成年人，在明知小雪只有十三岁的前提下，仍然和她发生了性关系，这是为法律所禁止的。

这个案例也告诫我们，要树立起法律意识，在做事之前多多思考，不要像小航一样随性而为，这样才能避免发生追悔莫及的严重后果。

法条链接

《中华人民共和国刑法》

第二百三十六条第二款 奸淫不满十四周岁的幼女的，以强奸论，从重处罚。

81. 主人默许朋友在家里做客时吸毒，主人需要负刑事责任吗？

案例在线

小唐在职业高中没上两年，就辍学了，他每天无所事事，到处闲逛，认识了不少社会上的朋友。一天，他的一个“哥们儿”万某来他家串门，两人吃完饭，坐在沙发上看电视时，万某突然犯了毒瘾，拿出随身携带的吸毒工具吸起毒来。小唐看见毒品很害怕，但是万某安慰他说：“吸毒的人是我，就算警察抓也是抓我，跟你有什么关系？”小唐听了觉得有道理，又不想破坏兄弟之间的情谊，于是默许了万某在他家吸毒的行为。见小唐没有反对，万某变本加厉，一有时间就到小唐家吸毒。一个月后，警方接到报案称有人吸毒，于是赶到小唐家将小唐和万某一起抓获归案。那么，小唐看到万某在他家吸毒却没有阻止的行为，构成犯罪吗？

依法解析

小唐默许万某在家里吸毒的行为已经构成犯罪，触犯了容留他人吸毒罪，这是小唐因自己的法律知识严重匮乏而犯下的错误。

我国《刑法》第三百五十四条对容留他人吸毒罪作出了明确规定，容留他人吸食、注射毒品的，处三年以下有期徒刑、拘役或者管制，并处罚金。小唐误认为只要自己不吸毒就不犯法，但实际上他的行为已经为法律所禁止。

毒品，不论是对人的身体健康，还是对社会的稳定和谐，都有着极为重大的危害，面对毒品坚定地说“不”，是每一个公民的责任和义务。在本案中，小唐碍于兄弟间的面子，目睹万某吸毒却没有阻止，这不仅不是一个真正的朋友该有的作为，而且也让自己触碰到了法律的红线。作为朋友，小唐应该坚决阻止万某的吸毒行为，并积极帮助万某戒除毒品，这才是真正的朋友义气。

法条链接

《中华人民共和国刑法》

第三百五十四条 容留他人吸食、注射毒品的，处三年以下有期徒刑、拘役或者管制，并处罚金。

《最高人民检察院、公安部关于公安机关管辖的刑事案件立案追诉标准的规定（三）》

第十一条 提供场所，容留他人吸食、注射毒品，涉嫌下列情形之一的，应予立案追诉：

（一）容留他人吸食、注射毒品两次以上的；

……

82. 在网上散布编造的虚假消息，造成严重后果，构成犯罪吗？

案例在线

庄某是一个拥有几百万粉丝的网络博主，通过在网上发布文章来吸引点击量，从而增长粉丝数量。随着发布的文章越来越多，庄某感觉自己逐渐江郎才尽，很难想出什么有意思的文章主题，粉丝互动量越来越少，粉丝数量也有了下滑的趋势。庄某心里着急，为了留住粉丝，他决定剑走偏锋，编造一些社会事件来创造流量。没想到他这个主意竟然有了不错的效果。于是他胆子越来越大，心里想着，反正是在网络上，没人知道我是谁，于是编写了一篇文章：《大家小心，A 市竟有杀人狂团伙出没！》。此文一发出，瞬间引起了巨大的社会反响，人心惶惶，尤其是 A 市的居民，连出门都小心翼翼，生怕遇到杀人狂，一些学校和培训机构出于安全，甚至停了课。A 市的百姓一度陷入恐慌之中，社会秩序遭到严重扰乱。事件的发酵引起了警方的高度注意，经过排查，警方确认这是一篇虚假文章，并在庄某家中将庄某抓获。那么，庄某在网络上散布虚假文章的行为，构成犯罪吗？

依法解析

进入 21 世纪以来，网络技术逐渐成熟，网络上的信息也鱼龙混杂，真假难辨。为了治理这种乱象，在我国 2015 年出台的《中华人民共和国刑法修正案（九）》中，正式对在网络上散布虚假信息的行为作出了刑法上的规定。

根据我国《刑法》第二百九十一条之一第二款的规定，编造虚假的警情，在信息网络或其他媒体上传播，严重扰乱社会秩序的，处三年以下有期徒刑、拘役或管制；造成严重后果的，处三年以上七年以下有期徒刑。在本案中，庄某为了博得关注、获得流量，不负责任地编写虚假的警情文章，造成了非常不好的社会影响，严重扰乱到社会秩序，已经触犯了《刑法》的规定，必须要接受《刑法》的制裁。

网络不是法外之地，每一个公民都应当对自己的言论负责，做一个守法的网民。

法条链接

《中华人民共和国刑法》

第二百九十一条之一第二款 编造虚假的险情、疫情、灾情、警情，在信息网络或者其他媒体上传播，或者明知是上述虚假信息，故意在信息网络或者其他媒体上传播，严重扰乱社会秩序的，处三年以下有期徒刑、拘役或者管制；造成严重后果的，处三年以上七年以下有期徒刑。

83. 捡到他人遗忘的钱财，拒绝归还的，是否构成犯罪？

案例在线

小仓是一名十七岁的高中生。一天，小仓在放学途中，路过某自助银行时，看到银行门口窗台有个皮包，就上前查看，发现里面是厚厚的一沓钞票，他数了数，足足有两万元。小仓长这么大，从来没见过这么多钱。他想到自己渴望了很久的游戏机，又想到自己想在放假的时候出去旅游，一时有些鬼迷心窍。他左右看了看，发现附近似乎并没有失主的身影，便偷偷将钞票装进了自己的书包里。拿到钱后，小仓第一时间前往商场，购买了一台游戏机。随后将剩余的现金藏到了家里。后来，失主报案后，警察通过监控发现是小仓捡到了钱，随后展开了调查。那么，如果小仓坚持不还钱，是否会构成犯罪呢？

依法解析

如果小仓坚持不还钱，很可能会构成侵占罪。根据我国《刑法》第二百七十条的规定，将代为保管的他人财物非法占为己有，数额较大，拒不退还的；或将他人的遗忘物或者埋藏物非法占为己有，数额较大，拒不交出的，构成侵占罪。本罪的犯罪主体是年满十六周岁的人。本罪属于亲告罪，必须由当事人向法院提起自诉，公安机关不能主动立案。

在上面的案例中，失主只是暂时地将皮包遗忘在自助银行窗台。皮包及皮包内的钞票属于遗忘物。该遗忘物数额达两万元之多，达到了数额较大的标准，小仓故意将其占为己有，并购买了游戏机，进行了藏钱行为。此后，如果小仓在事发后还拒不归还，那么，如果失主提起刑事自诉，其就很有可能构成侵占罪，要面临刑事处罚。

法条链接

《中华人民共和国刑法》

第二百七十条 将代为保管的他人财物非法占为己有，数额较大，拒不退还的，处二年以下有期徒刑、拘役或者罚金；数额巨大或者有其他严重情节的，处二年以上五年以下有期徒刑，并处罚金。

将他人的遗忘物或者埋藏物非法占为己有，数额较大，拒不交出的，依照前款的规定处罚。

本条罪，告诉的才处理。

84. 玩闹中不慎将他人推倒，导致他人受伤，需要负刑事责任吗?

案例在线

小丘今年十七岁，是班里的体育特长生，平时性格外向活泼，很喜欢和同学开玩笑。由于他性格爽朗，同学们也乐意和他一起玩耍。一天下课后，小丘和好朋友小辉在楼梯口休息，两人聊着聊着又开起了玩笑，并时不时有些肢体上的接触。玩闹中，小丘推了小辉一下，本以为可以将小辉拉住，但还是失手使小辉摔下了楼梯。

小辉从楼梯上滚落，身体多处受伤，顿时昏迷不醒。慌张的小丘连忙通知老师，并拨打120将小辉送往了医院。经过治疗，小辉脱离了生命危险。但经过司法鉴定，小辉身受重伤，并可能会留下后遗症。那么，小丘需要对小辉重伤的结果承担刑事责任吗？

依法解析

根据我国《刑法》第二百三十五条的规定，过失导致他人重伤的，处三年以下有期徒刑或者拘役。同时，根据《刑法》第十五条第一款的规定，过失主要分为两种情况：第一种为过于自信的过失，即已经预见自己的行为可能发生危害社会的结果，而轻信能够避免；第二种为疏忽大意的过失，即应当预见自己的行为可能发生危害社会的结果，因为疏忽大意而没有预见。

在上面的案例中，小丘已经年满十七岁，已经具备应当预见到自己和朋友在楼梯口玩耍有危险的能力，但还是失手将小辉推下楼梯。对于小辉重伤的结果，小丘存在过失，应当对自己的行为负责任。《刑法》第十七条第一款规定，已满十六周岁的人犯罪，应当负刑事责任。也就是说，小丘可能将会因自己的过失行为而承担相应的刑事责任。同时，根据我国《民法典》第一千一百七十九条的规定，小丘的监护人还应当向小辉赔偿医疗费、护理费、交通费、营养费、住院伙食补助费等为治疗和康复支出的合理费用。

青少年正处于活力四射的年龄，戏耍一定要注意分寸，切记要避开危险场所，不要等到造成伤害结果后才后悔，不然的话，既要承担法律责任，还会给朋友之间的友谊蒙上挥之不去的阴影。

法条链接

《中华人民共和国刑法》

第十五条第一款 应当预见自己的行为可能发生危害社会的结果，因为疏忽大意而没有预见，或者已经预见而轻信能够避免，以致发生这种结果的，是过失犯罪。

第十七条第一款 已满十六周岁的人犯罪，应当负刑事责任。

第二百三十五条 过失伤害他人致人重伤的，处三年以下有期徒刑或者拘役。本法另有规定的，依照规定。

《中华人民共和国民法典》

第一千一百七十九条 侵害他人造成人身损害的，应当赔偿医疗费、护理费、交通费、营养费、住院伙食补助费等为治疗和康复支出的合理费用，以及因误工减少的收入。造成残疾的，还应当赔偿辅助器具费和残疾赔偿金；造成死亡的，还应当赔偿丧葬费和死亡赔偿金。

85. 十五岁的中学生向他人抢劫一点零花钱，会构成抢劫罪吗？

案例在线

小华是一名十五岁的初三学生，虽然中考在即，但他沉迷网络游戏，经常逃课去网吧上网。老师将小华的情况反映给了他的父母，父母得知后，十分气愤，没收了小华所有的零花钱。小华没了上网的钱，但还是心痒难耐，决定“搞”点钱来。于是，他守在某小学门口，拦住了放学回家的小阳，威胁他道：“把你的零花钱交出来，不然我就揍你。”说着挥舞着拳头向小阳比画了几下。小阳见小华人高马大，感到很害怕，就将自己的五十元零花钱交了出去。小阳回家后，将此事告诉了父母，父母连忙报警，警察在网吧将正在上网的小华抓获。那么，小华向小阳抢劫了一点零花钱的行为，构成抢劫罪吗？

依法解析

抢劫罪是指以暴力、胁迫或其他方式，使被害人不敢反抗或者不知反抗，强行劫取公私财物的行为。根据《刑法》第十七条第二款的规定，已满十四周岁不满十六周岁的人，犯抢劫罪的，应当负刑事责任。从《刑法》的规定来看，小华的行为完全符合抢劫罪的构成要件。

但是，出于保护未成年人、给予未成年人更多改过机会的目的，在实践中，按照《最高人民法院关于审理未成年人刑事案件具体应用法律若干问题的解释》的规定，未成年人使用轻微暴力或威胁，强行索要其他未成年人少量财物，未造成严重后果的，不认为是犯罪。小华虽然劫取了小阳的财物，但由于数额较小，也并没有实际使用暴力，不能按照抢劫罪论处。

但这并不表示未成年人抢劫财物不被法律苛责，小华的行为依然是触犯法律的。作为一名风华正茂的青少年，本应阳光向上，努力学习，千万不能因为一些不良爱好，让自己的人生留下抹不去的伤疤。

法条链接

《中华人民共和国刑法》

第十七条第二款 已满十四周岁不满十六周岁的人，犯故意杀人、故意伤害致人重伤或者死亡、强奸、抢劫、贩卖毒品、放火、爆炸、投放危险物质罪的，应当负刑事责任。

第二百六十三条 以暴力、胁迫或者其他方法抢劫公私财物的，处三年以上十年以下有期徒刑，并处罚金；有下列情形之一的，处十年以上有期徒刑、无期徒刑或者死刑，并处罚金或者没收财产：

（一）入户抢劫的；

（二）在公共交通工具上抢劫的；

（三）抢劫银行或者其他金融机构的；

（四）多次抢劫或者抢劫数额巨大的；

（五）抢劫致人重伤、死亡的；

（六）冒充军警人员抢劫的；

（七）持枪抢劫的；

（八）抢劫军用物资或者抢险、救灾、救济物资的。

《最高人民法院关于审理未成年人刑事案件具体应用法律若干问题的解释》

第七条 已满十四周岁不满十六周岁的人使用轻微暴力或者威胁，强行索要其他未成年人随身携带的生活、学习用品或者钱财数量不大，且未造成被害人轻微伤以上或者不敢正常到校学习、生活等危害后果的，不认为是犯罪。

已满十六周岁不满十八周岁的人具有前款规定情形的，一般也不认为是犯罪。

86. 少量多次盗窃，也构成盗窃罪吗?

案例在线

洪某今年十七岁，因为学习成绩不好，早早就辍学了。他辍学后，每天无所事事，好吃懒做，既不愿意去学习技能提升自己，也不愿意去安安心心地找份工作。没过多久，洪某就将父母给他的生活费挥霍一空，生活捉襟见肘。他想起自己以前听人说过，只要每次少偷一点东西，数额达不到标准，警察就不能立案，法律都拿你没办法。洪某便打定主意，隔三岔五就去附近的超市里小偷小摸。还没过一个月，超市的工作人员便通过监控发现了洪某的偷盗行为，于是报警将他抓获。那么，洪某这种多次小偷小摸的行为，也构成盗窃罪吗?

依法解析

就像洪某一样，在大多数人的认知中，只有一次性偷盗达到立案标准数额的财物时，才会被警察以盗窃罪立案侦查。但实际上，在我国《刑法》中，对盗窃的各种情形作出了非常广泛而具体的规定。根据我国《刑法》第二百六十四条的规定，构成盗窃的情形主要有以下五种：（一）盗窃公私财物，数额较大；（二）多次盗窃，即使每次盗窃尚未达到立案标准，仍然成立盗窃罪；（三）入户盗窃，即进入与外界相对隔离的、供家庭生活使用的场所进行盗窃；（四）携带凶器盗窃；（五）扒窃，即在公共场所或公共交通工具上盗窃他人随身财物的行为。对于第二种至第五种盗窃行为，不要求“数额较大”即构成犯罪。

由此可见，在上面的案例中，洪某多次到附近超市小偷小摸，虽然每次盗窃的数额不大，但符合《刑法》规定的多次盗窃的行为，构成盗窃罪。洪某正是因为对《刑法》的理解过于浅薄，没能深刻认识到盗窃罪的罪与非罪的界限，自认为自己的行为不会被法律所制裁，才导致最后锒铛入狱的结果。

这个案例告诫我们，切忌投机取巧，不要妄图不劳而获。法网恢恢，疏而不漏，一切要小聪明、试图试探法律底线的行为，都不被法律所容许。

法条链接

《中华人民共和国刑法》

第二百六十四条 盗窃公私财物，数额较大的，或者多次盗窃、入户盗窃、携带凶器盗窃、扒窃的，处三年以下有期徒刑、拘役或者管制，并处或者单处罚金；数额巨大或者有其他严重情节的，处三年以上十年以下有期徒刑，并处罚金；数额特别巨大或者有其他特别严重情节的，处十年以上有期徒刑或者无期徒刑，并处罚金或者没收财产。

87. 网络名人公开戏谑革命烈士，构成犯罪吗？

案例在线

金某是某视频网站的知名视频博主，账号下拥有三百万粉丝，具有一定程度的影响力。看着自己的粉丝一天比一天多，自己的知名度一天比一天高，金某的野心也越来越大，决定要做一个能够引爆话题的视频。他苦思冥想了几天，一直没想出什么比较好的创意。正当他才思枯竭时，正好迎来了建军节，看着网上一片怀念感恩革命烈士的发言，金某灵机一动：何不做一期调侃革命烈士的视频呢？肯定能带来巨大的反响。于是，金某马不停蹄地拍摄了一期针对某位革命烈士的调侃视频，连夜发到了网站上。视频一出，群众哗然，虽然骂声众多，但也为金某带来了空前的点击量。正当金某坐在家中沾沾自喜时，警察却敲响了他的家门。那么，金某需要对他的行为承担什么样的责任呢？

依法解析

我国国泰民安、人民安居乐业，这一切都离不开每一位革命烈士的守护与牺牲。作为中国公民的一分子，保护烈士的名誉不受侵害、形象不被污蔑，是我们每个人义不容辞的义务。现如今，网络乱象横生，许多不法分子披着网络的保护伞，在网上肆意发表侮辱烈士的言论。针对这种现象，我国 2021 年生效的《中华人民共和国刑法修正案（十一）》专门作出了规定。

根据我国《刑法》第二百九十九条之一的规定，侮辱、诽谤或者以其他方式侵害英雄烈士的名誉、荣誉，损害社会公共利益，情节严重的，处三年以下有期徒刑、拘役、管制或者剥夺政治权利。在上面的案例中，金某作为一个拥有三百万粉丝的博主，为了博关注、博眼球，在网络上公然调侃、侮辱烈士，这不仅违背了作为一个中国人的基本道德，也触犯了我国《刑法》的相关规定，金某必然会为他藐视法律的行为付出相应的代价。

法条链接

《中华人民共和国刑法》

第二百九十九条之一　侮辱、诽谤或者以其他方式侵害英雄烈士的名誉、荣誉，损害社会公共利益，情节严重的，处三年以下有期徒刑、拘役、管制或者剥夺政治权利。

88. 十四岁的少年在公共场合闹事吓唬人，是犯罪吗？

案例在线

小坚今年十四岁，父母工作很忙，总是加班和出差，根本顾不上教育小坚，只为他雇用了一位保姆来照顾他的生活。在这样的环境下长大的小坚非常叛逆，总想着做些什么来彰显自己的存在感。他每天不去学校上课，总在街上闲逛，还认识了一个和他同岁的小混混张虎。小坚和张虎在车站附近，经常一起起哄闹事，以观看路人的反应为乐。一天，一位老大爷在他们的惊吓下不慎心脏病发作，有人便拨打了报警电话。警察赶到现场后，将小坚、张虎两人带回警局。而那位老大爷经抢救无效而死亡。那么，小坚和张虎的行为是犯罪吗，会受到怎样的处罚呢？

依法解析

根据我国《刑法》第二百九十三条的规定，成立寻衅滋事罪的情形主要有以下四种：（一）随意殴打他人，情节恶劣；（二）追逐、拦截、辱骂、恐吓他人，情节恶劣；（三）强拿硬要或者任意损毁、占用公私财物，情节严重；（四）在公共场所起哄闹事，造成公共场所秩序严重混乱。需要注意的是，成立寻衅滋事罪，不仅要求具备以上行为，并且还要满足“情节恶劣”或是“情节严重”，抑或是给社会秩序造成严重混乱。

在上面的案例中，小坚和张虎经常纠集在车站附近，起哄闹事，随意惊吓路人，并且造成了一人因受到惊吓而死亡的严重后果，他们的行为对社会秩序造成了不良影响，符合《刑法》关于寻衅滋事罪的相关规定，应当被认定为构成寻衅滋事罪。

但是，由于小坚和张虎只有十四岁，并没有达到法律规定的为寻衅滋事罪承担刑事责任的年龄（十六周岁），因此无须承担刑事责任。但是，即使他们的行为不触犯《刑法》，但也违反了其他法律规定。根据我国《治安管理处罚法》第十二条的规定，他们已经达到接受行政处罚的年龄。对于其违法行为，可以由公安机关根据《治安管理处罚法》第二十六条的规定予以处罚。也就是说，青少年在实施违法行为后，并不会因为年龄小而得到赦免，依然需要为自己的行为承担责任。并且，他们或其父母还要承担对受害者的民事赔偿责任。

法条链接

《中华人民共和国刑法》

第二百九十三条 有下列寻衅滋事行为之一，破坏社会秩序的，处五年以下有期徒刑、拘役或者管制：

（一）随意殴打他人，情节恶劣的；

（二）追逐、拦截、辱骂、恐吓他人，情节恶劣的；

（三）强拿硬要或者任意损毁、占用公私财物，情节严重的；

（四）在公共场所起哄闹事，造成公共场所秩序严重混乱的。

纠集他人多次实施前款行为，严重破坏社会秩序的，处五年以上十年以下有期徒刑，可以并处罚金。

《中华人民共和国治安管理处罚法》

第十二条 已满十四周岁不满十八周岁的人违反治安管理的，从轻或者减轻处罚；不满十四周岁的人违反治安管理的，不予处罚，但是应当责令其监护人严加管教。

第二十六条 有下列行为之一的，处五日以上十日以下拘留，可以并处五百元以下罚款；情节较重的，处十日以上十五日以下拘留，可以并处一千元以下罚款：

（一）结伙斗殴的；

（二）追逐、拦截他人的；

（三）强拿硬要或者任意损毁、占用公私财物的；

（四）其他寻衅滋事行为。

89. 帮朋友免费运输了少量毒品，也是犯罪吗？

案例在线

小周今年十九岁，他从小学习成绩就不太好，高考结束后，果然名落孙山。他觉得自己就算复读也很难有什么进步，便决定去工作。工作没多久，小周偶然认识了附近的小混混耿某。耿某虽然脾气不好，但是人很仗义，曾经出头救过遭到抢劫的小周。小周与耿某意气相投，两人很快就成了好朋友。一天，耿某偷偷摸摸地拿出一包白色粉末，告诉小周这是毒品，请小周帮忙送到某公园去。小周有些犹豫，但在耿某“运送少量毒品没什么大事”的劝说下，还是咬咬牙同意了。还没等小周将毒品送到公园，耿某贩毒的罪行就被警方发现，警方将小周一起抓获归案。小周帮朋友运送少量毒品的行为也是犯罪吗？

依法解析

毒品不仅会给吸毒者的身体和心理带来无法逆转的伤害，由毒品引发的一系列犯罪也会破坏社会的稳定秩序。我国法律对毒品犯罪秉持着“零容忍”的态度，根据《刑法》第三百四十七条第一款的规定，运输毒品的，无论数量多少，都应当追究刑事责任，予以刑事处罚。也就是说，行为人只要是出于故意的心理态度而运输毒品，不管其出于什么目的，运输了多少毒品，都构成运输毒品罪。

但是，根据《刑法》第十七条第一款的规定，已满十六周岁的人犯罪，应当负刑事责任。在上面的案例中，小周已经年满十九岁，是一名成年人了，作为成年人，他应当认识到运输毒品是一种犯罪行为，但是，小周依然帮助耿某运送毒品。小周的行为构成运输毒品罪。在此，奉劝广大青少年朋友们，走私、贩卖、运输、制造毒品，无论数量多少，都是犯罪。

法条链接

《中华人民共和国刑法》

第十七条第一款 已满十六周岁的人犯罪，应当负刑事责任。

第三百四十七条第一款 走私、贩卖、运输、制造毒品，无论数量多少，都应当追究刑事责任，予以刑事处罚。

90. 利用系统漏洞获取优惠券并使用的，也是违法犯罪行为吗？

案例在线

小杨今年二十二岁，不久前刚从大学毕业。毕业后，小杨陷入了毕业即失业的困境，只能在家啃老，每天唉声叹气。一天，小杨无意间发现，某购物网站的优惠券兑换系统有延迟，只要在换取优惠券的缓冲时间内退出软件，便不会消耗优惠券的兑换次数。小杨觉得自己找到了致富的新途径，非常兴奋，立刻在该购物网站兑换了大量的优惠券，用远低于市场价的价格购买了许多商品，并转手在二手网站上贩卖。没过多久，该购物网站发现了系统漏洞，立刻进行了修复，但小杨的行为还是给网站造成了几万元的损失。小杨的行为是犯罪行为吗？

依法解析

根据我国《刑法》的相关规定，小杨的行为可能已经构成了诈骗罪。所谓诈骗罪，就是指行为人以非法占有为目的，使用虚构事实或隐瞒真相的手段，令受害人产生认识错误，从而骗取数额较大的财物的行为。在上面的案例中，小杨利用购物网站的系统漏洞，获取了大量的优惠券。对于购物网站的经营者来说，该系统漏洞是不应被消费者所知晓的，小杨的行为已经违背了购物网站经营者的真实意愿，他获得优惠券的行为不具有合理性。

同时，小杨在获得优惠券后，又使用优惠券以极其低廉的价格购买了商品。该优惠券是小杨利用非法手段获得，商家基于优惠券向小杨出售商品，实质上是一种处于错误认识而进行的财物处分，小杨的行为完全符合诈骗罪的成立条件。依据《刑法》第二百六十六条的规定，诈骗公私财物，数额较大的，处三年以下有期徒刑、拘役或者管制，并处或者单处罚金。小杨作为一名成年人，却没有认识到自己的行为已经触碰到了法律的红线，导致了违法犯罪的结果，他也必将因为自己的行为而受到法律的制裁。

法条链接

《中华人民共和国刑法》

第二百六十六条 诈骗公私财物，数额较大的，处三年以下有期徒刑、拘役或者管制，并处或者单处罚金；数额巨大或者有其他严重情节的，处三年以上十年以下有期徒刑，并处罚金；数额特别巨大或者有其他特别严重情节的，处十年以上有期徒刑或者无期徒刑，并处罚金或者没收财产。本法另有规定的，依照规定。

91. 青少年不能有哪些不良行为？

案例在线

森森是个典型的问题少女，时常与朋友在外面玩耍到半夜，有时还会在网吧通宵玩网络游戏，甚至偶尔打扮成成年人的样子出入酒吧。森森的母亲宋某苦口婆心，对森森的行为百般劝阻，教育她要为了自己的将来好好学习。但是叛逆期的森森根本听不进母亲的话，不仅不照做，反而还变本加厉。无奈之下，宋某只能求助于在检察院上班的妹妹小燕，请她从法律的角度来和森森讲道理。小燕告诉森森，森森所做的这些行为都是法律规定的青少年不能实施的不良行为，是违法的。森森听后，感到有些震惊。那么，未成年人不得实施的不良行为都有哪些呢？

依法解析

为了保障未成年人身心健康，培养未成年人良好品行，有效预防未成年人违法犯罪，我国制定了《预防未成年人犯罪法》。在该法第二十八条中，规定了未成年人不得实施下列九种不良行为：（一）吸烟、饮酒；（二）多次旷课、逃学；（三）无故夜不归宿、离家出走；（四）沉迷网络；（五）与社会上具有不良习性的人交往，组织或者参加实施不良行为的团伙；（六）进入法律法规规定未成年人不宜进入的场所；（七）参与赌博、变相赌博，或者参加封建迷信、邪教等活动；（八）阅览、观看或者收听宣扬淫秽、色情、暴力、恐怖、极端等内容的读物、音像制品或者网络信息等；（九）其他不利于未成年人身心健康成长的不良行为。

作为青少年，应当遵守法律法规及社会公共道德规范，树立自尊、自律、自强意识，增强辨别是非和自我保护的能力，自觉抵制各种不良行为以及违法犯罪行为的引诱和侵害。在上面的案例中，森森经常夜不归宿，甚至出入一些不适合未成年人进入的场所，这些行为不仅违反学校的校规，也违反了法律的规定，属于未成年人不应该具有的不良行为，应当严格改正。青少年正处于朝气蓬勃的年纪，未来还有无数种可能，不应自甘堕落，应当好好学习，为自己光明的未来而奋斗。

法条链接

《中华人民共和国预防未成年人犯罪法》

第二十八条 本法所称不良行为，是指未成年人实施的不利于其健康成长的下列行为：

（一）吸烟、饮酒；

（二）多次旷课、逃学；

（三）无故夜不归宿、离家出走；

（四）沉迷网络；

（五）与社会上具有不良习性的人交往，组织或者参加实施不良行为的团伙；

（六）进入法律法规规定未成年人不宜进入的场所；

（七）参与赌博、变相赌博，或者参加封建迷信、邪教等活动；

（八）阅览、观看或者收听宣扬淫秽、色情、暴力、恐怖、极端等内容的读物、音像制品或者网络信息等；

（九）其他不利于未成年人身心健康成长的不良行为。

92. 不良行为与严重不良行为的界限是什么?

案例在线

小望是一名初中生，他的理想是长大后能成为一名人民警察。为了这个理想能够实现，小望认真学习，努力成为一个遵纪守法的三好少年。课余时间，小望总是喜欢浏览一些普法类的书籍和电视节目，以增长自己的法律知识。

一天，小望在收看一档关于青少年违法犯罪的法制节目时，了解到在法律中规定了青少年不能实施的不良行为与严重不良行为。小望以前只知道有不良行为，这还是第一次知道还有严重不良行为的概念。小望很好奇，青少年的严重不良行为都有哪些？严重不良行为与不良行为之间的界限又是什么呢？

依法解析

在我国《预防未成年人犯罪法》中，不仅规定了未成年人不得实施的九种不良行为，还进一步规定了九种严重不良行为。严重不良行为是指严重危害社会，但尚不构成刑事处罚的违法行为。根据《预防未成年人犯罪法》第三十八条的规定，严重不良行为主要有：（一）结伙斗殴，追逐、拦截他人，强拿硬要或者任意损毁、占用公私财物等寻衅滋事行为；（二）非法携带枪支、弹药或者弩、匕首等国家规定的管制器具；（三）殴打、辱骂、恐吓，或者故意伤害他人身体；（四）盗窃、哄抢、抢夺或者故意损毁公私财物；（五）传播淫秽的读物、音像制品或者信息等；（六）卖淫、嫖娼，或者进行淫秽表演；（七）吸食、注射毒品，或者向他人提供毒品；（八）参与赌博赌资较大；（九）其他严重危害社会的行为。

从上述规定可以看出，严重不良行为与不良行为相比，行为人的主观恶性更大、行为性质更为恶劣、对社会的不良影响也更加严重。对于未成年人不良行为的矫正，学校和家长应当以批评制止为主，管理教育为辅。而对于严重不良行为的矫正，则需要监护人对未成年人严加管教，情形严重时，可以由教育行政部门会同公安机关决定将其送入专门学校接受专门教育。

法条链接

《中华人民共和国预防未成年人犯罪法》

第三十八条 本法所称严重不良行为，是指未成年人实施的有刑法规定、因不满法定刑事责任年龄不予刑事处罚的行为，以及严重危害社会的下列行为：

（一）结伙斗殴，追逐、拦截他人，强拿硬要或者任意损毁、占用公私财物等寻衅滋事行为；

（二）非法携带枪支、弹药或者弩、匕首等国家规定的管制器具；

（三）殴打、辱骂、恐吓，或者故意伤害他人身体；

（四）盗窃、哄抢、抢夺或者故意损毁公私财物；

（五）传播淫秽的读物、音像制品或者信息等；

（六）卖淫、嫖娼，或者进行淫秽表演；

（七）吸食、注射毒品，或者向他人提供毒品；

（八）参与赌博赌资较大；

（九）其他严重危害社会的行为。

第8章　我和我的安全环保观

93. 发生火灾时，所有人都有义务灭火吗？

案例在线

一天，小郎在放学回家的路上，发现路边一家商铺失了火。消防车还没赶到，有不少路人都在自发地帮忙救火。小郎在旁边观望了片刻，觉得自己还是个孩子，应该也帮不上什么忙，就回家了。于是，小郎便离开了火灾现场。第二天，小郎跟大家说起此事，没想到，有的同学却嘲笑小郎当时没有去救火，是个胆小鬼。小郎对此感到生气又疑惑，发生火灾时，难道真的不管是谁都有救火的义务吗？

依法解析

常言道，水火无情，火灾不仅会给个人带来人身和财产损害，还会危及公共安全。因此，在面对火灾时积极伸出援手，不仅是我国道德规范的要求，更是法律的明文规定。根据我国《消防法》第五条的规定，任何单位和个人都有维护消防安全、保护消防设施、预防火灾、报告火警的义务；任何单位和成年人都有参加有组织的灭火工作的义务。从这条规定可以看出，为了保护公民私有的财产和公共财产不受损害，作为中国的一分子，每一个成年人在火灾发生时当然负有灭火的义务。

但是，未成年人的体力和认识能力都远远不如成年人，需要法律特殊的保护，因此，在面对火灾时，未成年人无须进行灭火。在上面的案例中，小邮在火灾发生时没有贸然上前救火，是完全合法合理的，不应当被其他人责备。当然，当未成年人发现火灾时，如果还没有救援，作为发现者，应该想办法拨打报警电话。

法条链接

《中华人民共和国消防法》

第五条 任何单位和个人都有维护消防安全、保护消防设施、预防火灾、报告火警的义务。任何单位和成年人都有参加有组织的灭火工作的义务。

94. 谎报火警是违法行为吗?

案例在线

小济今年十岁，是一名小学生。一天周末，小济写完作业后，到处看了一圈，发现家里所有的电影他都看过了，游戏也已经玩腻了，不禁有些丧气。此时，他看到家里桌子上放的座机电话，突发奇想，想拨打一下119报警电话试试，反正闲着也是闲着，不如看看报警后消防员来得快不快。于是，小济拨通了火警电话，谎称家里着了火，请求消防员来灭火。接线员听后，立刻派出消防员前来救火。消防员到达小济家，发现并没有着火，便将小济严厉地批评了一顿。那么，谎报火警是否属于违法行为呢?

依法解析

火灾无情，任何时候都有可能发生，我们必须防患于未然。保证火警电话线路的畅通，是每一个公民的义务和责任。我国《消防法》第四十四条第一款规定，任何人发现火灾都应当立即报警。任何单位、个人都应当无偿为报警提供便利，不得阻拦报警。严禁谎报火警。从这条规定可以看出，随意拨打火警电话、谎报火警、干扰灭火工作的行为是被我国法律严厉禁止的，属于违法行为。依据《消防法》第六十二条和《治安管理处罚法》第二十五条的规定，谎报火警的，应当被处以五日以上十日以下拘留，同时可以并处五百元以下罚款；情节较轻的，处五日以下拘留或者五百元以下罚款。

在上面的案例中，小济随意拨打火警电话，谎称有火情发生，这种行为很可能会导致真正受到火灾侵害的受害人无法得到及时的救援，当然也违反了法律的规定。但根据《治安管理处罚法》第十二条的规定，小济尚不满十四周岁，未达到接受行政处罚的年龄，应当责令小济的监护人对小济严加管教。在被消防员批评后，小济应当认识到自己的错误，严肃对待所有紧急报警电话。小济的父母也应当加强对小济的管教，避免同样的错误再次发生。

法条链接

《中华人民共和国消防法》

第四十四条第一款 任何人发现火灾都应当立即报警。任何单位、个人都应当无偿为报警提供便利，不得阻拦报警。严禁谎报火警。

第六十二条 有下列行为之一的，依照《中华人民共和国治安管理处罚法》的规定处罚：

……

（三）谎报火警的；

……

《中华人民共和国治安管理处罚法》

第十二条 已满十四周岁不满十八周岁的人违反治安管理的，从轻或者减轻处罚；不满十四周岁的人违反治安管理的，不予处罚，但是应当责令其监护人严加管教。

第二十五条 有下列行为之一的，处五日以上十日以下拘留，可以并处五百元以下罚款；情节较轻的，处五日以下拘留或者五百元以下罚款：

（一）散布谣言，谎报险情、疫情、警情或者以其他方法故意扰乱公共秩序的；

……

95. 屋顶上的感烟探头可以被封盖住吗?

案例在线

某中学已经拥有几十年的历史了，学校里的不少教学楼都还是老建筑。今年年初，学校决定将校内的化学实验室进行翻新，便联系了一家装修公司，来负责实验室的翻新工作。在装修天花板时，装修人员李某认为原来天花板上的消防感烟探头不美观，在未与装修负责人沟通，也没有通知学校负责人的情况下，擅自将消防感烟探头封堵在新的天花板内。学校得知此事后，对装修队的行为进行了严厉斥责，并要求装修队将天花板恢复原样。装修队负责人表示李某是新来的，还不太懂一些规矩，表示尽快恢复原样。那么，李某的行为违法了吗？

依法解析

根据我国《消防法》第五条和第二十八条的规定，任何单位和个人都有保护消防设施的责任，不得损坏、挪用或者擅自拆除、停用消防设施、器材。也就是说，任何人都不得擅自改造、停用消防设施，装修人员也不能例外。

在上面的案例中，装修人员李某认为消防感烟探头不美观，便擅自将消防探头封堵在天花板中，如果真的发生火灾，这样的行为会延误黄金救火时间，对学校内师生的人身和财产安全有着不可忽视的危害。他的行为是违法行为。幸亏装修队能够认真改正，否则消防验收时，学校可能要面临处罚。

法条链接

《中华人民共和国消防法》

第五条 任何单位和个人都有维护消防安全、保护消防设施、预防火灾、报告火警的义务。任何单位和成年人都有参加有组织的灭火工作的义务。

第二十八条 任何单位、个人不得损坏、挪用或者擅自拆除、停用消防设施、器材，不得埋压、圈占、遮挡消火栓或者占用防火间距，不得占用、堵塞、封闭疏散通道、安全出口、消防车通道。人员密集场所的门窗不得设置影响逃生和灭火救援的障碍物。

第六十条 单位违反本法规定，有下列行为之一的，责令改正，处五千元以上五万元以下罚款：

……

（二）损坏、挪用或者擅自拆除、停用消防设施、器材的；

……

个人有前款第二项、第三项、第四项、第五项行为之一的，处警告或者五百元以下罚款。

……

96. 杂物没地方放，可以放在消防栓前面吗？

案例在线

小才家的房子已经住了十几年了，为了生活更加方便，小才的父母决定将家里重新装修一遍。装修时，工人在家里进进出出，有许多工具和杂物屋里没地方放，便将杂物堆放在楼道里。又为了不妨碍其他邻居通行，他们把大多数杂物堆放在了楼道的消防栓前。没想到，有人将小才家的情况举报给了物业。物业前来检查后，表示消防栓前不允许堆放杂物，要求小才家尽快将杂物移走。小才感到很好奇，明明消防栓前有那么大的空间，为什么不能用来放东西呢？

依法解析

当火情发生时，救援的每一秒都至关重要，不容耽误。消防设施是否方便使用直接关系到救火工作能否顺利进行。我国《消防法》第二十八条规定，任何单位、个人都不得埋压、圈占、遮挡消火栓。从这条规定可以看出，保障消防栓前有足够的空间是每个公民和单位的义务，任何人都不能为了自己的一时方便而遮挡消防栓，影响救火工作的进行。

在上面的案例中，小才的父母为了方便装修，便将自家的杂物堆放在消防栓前。这种行为不仅会对邻居的生活产生影响，也违反了法律的规定。根据《消防法》第六十条的规定，个人埋压、圈占、遮挡消火栓或者占用防火间距的，应当被处以警告或者五百元以下罚款。小才的父母应当认真检讨自己的错误，多多接受消防知识教育。

法条链接

《中华人民共和国消防法》

第二十八条 任何单位、个人不得损坏、挪用或者擅自拆除、停用消防设施、器材，不得埋压、圈占、遮挡消火栓或者占用防火间距，不得占用、堵塞、封闭疏散通道、安全出口、消防车通道。人员密集场所的门窗不得设置影响逃生和灭火救援的障碍物。

第六十条 单位违反本法规定，有下列行为之一的，责令改正，处五千元以上五万元以下罚款：

……

（四）埋压、圈占、遮挡消火栓或者占用防火间距的；

……

个人有前款第二项、第三项、第四项、第五项行为之一的，处警告或者五百元以下罚款。

……

97. 将自行车停放在消防通道中，违法了吗？

案例在线

小翼是一名高中生，平时上学时主要骑自行车。前段时间，他注意到同桌更换了最新款的山地自行车，十分羡慕，便回家央求父母给自己也买一辆。父母同意了小翼的请求，但要求小翼在期中考试中必须考到班级前五名。小翼立马答应了父母的交换条件，还写了保证书。拿到新自行车后，小翼非常高兴。他担心自己将车停在楼下的车棚里，自行车会被人偷走，便将自行车推进了楼道里。他看到电梯旁边的步梯（消防通道）少有人走，便将自行车停放了进去。小翼将自行车停放在消防通道中的行为，违法了吗？

依法解析

消防通道是消防员实施营救和对被困者进行疏散的通道，在各种险情中都有着至关重要的作用。根据我国《消防法》第二十八条的规定，任何单位和个人不得占用、堵塞、封闭疏散通道、安全出口、消防车通道。该法第六十条还规定，个人占用封闭疏散通道、防火间距、消防车通道的，应当被处以警告或者五百元以下罚款。也就是说，保持消防通道的畅通不仅仅是一种道德上的要求，更是法律的强制性规定。

在上面的案例中，小翼担心自己的自行车会被偷走，便将自行车停放在消防通道中，这种行为只满足了自己的一时便利，却可能给整栋楼的居民带来安全隐患。小翼作为一名高中生，本应对自己的行为会带来的后果有一定认识，但因他消防知识的匮乏而导致了错误行为的发生。小翼应当认真改正，并且加强自己的消防安全知识学习，增加消防知识储备。

法条链接

《中华人民共和国消防法》

第二十八条 任何单位、个人不得损坏、挪用或者擅自拆除、停用消防设施、器材，不得埋压、圈占、遮挡消火栓或者占用防火间距，不得占用、堵塞、封闭疏散通道、安全出口、消防车通道。人员密集场所的门窗不得设置影响逃生和灭火救援的障碍物。

第六十条 单位违反本法规定，有下列行为之一的，责令改正，处五千元以上五万元以下罚款：

……

（三）占用、堵塞、封闭疏散通道、安全出口或者有其他妨碍安全疏散行为的；

（四）埋压、圈占、遮挡消火栓或者占用防火间距的；

（五）占用、堵塞、封闭消防车通道，妨碍消防车通行的；

……

个人有前款第二项、第三项、第四项、第五项行为之一的，处警告或者五百元以下罚款。

……

98. 悄悄将易燃易爆物品带上公交车，是违法行为吗？

案例在线

小岱今年十二岁，刚上初一。马上就要过年了，今年是小岱的本命年，父母答应他今年过年可以让他买一些自己喜欢的烟花。于是，小岱约上小伙伴，兴冲冲地来到郊外的烟花售卖点，挑选了一大袋烟花。回家时，小岱的零花钱已经所剩无几，根本不够回家的出租车费用了。小岱知道不能携带烟花爆竹乘坐公交车，但他怀着不会被发现的侥幸心理，用不透明的袋子将烟花装起来，悄悄带上了公交车。没想到，没过多久，小岱还是被安全员发现了。小岱的行为是否违反了法律的规定呢？

依法解析

我国《消防法》第二十三条第二款规定，进入生产、储存易燃易爆危险品的场所，必须执行消防安全规定。禁止非法携带易燃易爆危险品进入公共场所或者乘坐公共交通工具。易燃易爆物品随时都有起火燃烧的危险，对公共安全有着很大的威胁。从法律的规定中也可以看出，我国对违法携带易燃易爆物品进入公共场所或乘坐交通工具的行为秉持着“零容忍”的态度。

根据《消防法》第六十二条和《治安管理处罚法》第三十条的规定，非法携带易燃易爆危险品进入公共场所或乘坐交通工具的，处十日以上十五日以下拘留；情节较轻的，处五日以上十日以下拘留。

在上面的案例中，小岱明明知道公交车上不允许携带易燃易爆品，却抱着侥幸心理，偷偷将烟花带上了公交车。这种行为是对公共安全的不负责任，已经违反了法律的规定。由于小岱还未满十四周岁，不予治安管理处罚，但是应当由小岱的父母和老师一起，加强对小岱的教育，让小岱认识到自己的错误。

法条链接

《中华人民共和国消防法》

第二十三条第二款 进入生产、储存易燃易爆危险品的场所，必须执行消防安全规定。禁止非法携带易燃易爆危险品进入公共场所或者乘坐公共交通工具。

第六十二条 有下列行为之一的，依照《中华人民共和国治安管理处罚法》的规定处罚：

……

（二）非法携带易燃易爆危险品进入公共场所或者乘坐公共交通工具的；

……

《中华人民共和国治安管理处罚法》

第三十条 违反国家规定，制造、买卖、储存、运输、邮寄、携带、使用、提供、处置爆炸性、毒害性、放射性、腐蚀性物质或者传染病病原体等危险物质的，处十日以上十五日以下拘留；情节较轻的，处五日以上十日以下拘留。

99. 觉得好玩便谎称即将发生地震，并造成恐慌的，要承担什么责任？

案例在线

小堂今年十八岁，是一名高三学生，平时学业非常繁忙。眼看高考在即，学习压力越来越大，小堂便想找点“刺激”放松一下。他在看新闻时，发现某城市发生了地震，于是灵机一动，在本地论坛里发布了一篇匿名帖文：“经地震局预报，本市可能在明后两天发生大地震！”帖文发出后，引起上万人转发，大家人心惶惶，纷纷向地震局打电话求证此篇帖文的真实性。正当小堂坐在电脑前，为自己引起这么大的轰动而沾沾自喜时，警察敲响了他家的家门。那么，小堂需要为自己的行为承担何种责任呢？

依法解析

地震作为一种严重自然灾害，对公共安全造成的危害不可估量。因此，我国对地震有着严格的预警机制，任何人都不得随意编造灾情来扰乱社会秩序。为了抑制编造灾情行为的发生，我国不仅在《治安管理处罚法》的第二十五条中对这种行为的处罚方式进行了规定，更将这种行为惩罚方式写进了《刑法》。《刑法》第二百九十一条之一第二款规定，编造虚假的险情、疫情、灾情、警情，在信息网络或者其他媒体上传播，或者明知是上述虚假信息，故意在信息网络或者其他媒体上传播，严重扰乱社会秩序的，处三年以下有期徒刑、拘役或者管制；造成严重后果的，处三年以上七年以下有期徒刑。

在上面的案例中，小堂为了追求所谓“刺激”，而在论坛上编造并发表虚假的地震消息，导致万人转发，人心惶惶。他的行为已经触犯了法律的规定，必须得到惩罚。具体地，如果小堂的行为构成严重扰乱社会秩序，那么其有可能构成犯罪，要面临刑事处罚。如果经审查不构成犯罪，则要面临治安管理处罚。

法条链接

《中华人民共和国治安管理处罚法》

第二十五条 有下列行为之一的，处五日以上十日以下拘留，可以并处五百元以下罚款；情节较轻的，处五日以下拘留或者五百元以下罚款：

（一）散布谣言，谎报险情、疫情、警情或者以其他方法故意扰乱公共秩序的；

……

《中华人民共和国刑法》

第二百九十一条之一第二款 编造虚假的险情、疫情、灾情、警情，在信息网络或者其他媒体上传播，或者明知是上述虚假信息，故意在信息网络或者其他媒体上传播，严重扰乱社会秩序的，处三年以下有期徒刑、拘役或者管制；造成严重后果的，处三年以上七年以下有期徒刑。

100. 学生参加学校的消防演习也是一种义务吗?

案例在线

最近到了春天,天气干燥,经常起风,非常容易发生火灾。学校为了增强学生的防火意识,让学生能够在火灾中有序逃生,决定在本周四下午组织一场消防演习。小彦听说这个消息后,十分不开心。周四下午正好有他最喜欢的体育课,他本来打算在体育课上来一场酣畅淋漓的篮球赛的。到了消防演习那天,小彦趁着老师不注意,一个人悄悄溜到操场上打起篮球来。老师发现小彦不见后,以逃避消防演习为由,惩罚小彦为班级打扫一星期的卫生。小彦十分不服气,认为自己没有义务参加消防演习,老师不能惩罚他。小彦的想法正确吗?

依法解析

根据我国《消防法》第十六条和《未成年人保护法》第三十七条第一款的规定,机关、团体、企业、事业等单位应当履行组织进行有针对性的消防演练的消防安全职责,学校、幼儿园应当根据需要,制定应对自然灾害、事故灾难、公共卫生事件等突发事件和意外伤害的预案,配备相应设施并定期进行必要的演练。本案中小彦的学校组织学生进行消防演练,不仅仅是在履行法定义务，也是在用自己的实际行动来帮助学生提高消防意识，是值得肯定的。

同时，《消防法》第五条规定，任何单位和个人都有维护消防安全、保护消防设施、预防火灾、报告火警的义务。也就是说，除了单位，个人也负有维护消防安全和预防火灾的义务。进行消防演习可以提高大家的消防意识，也是维护消防安全和预防火灾的必要步骤，作为我国公民，我们应当积极参加消防演习。小彦为了打篮球而逃避消防演习，其实就是在逃避维护消防安全和预防火灾的义务。他对学校组织的消防演练应该给予积极的配合。

法条链接

《中华人民共和国未成年人保护法》

第三十七条第一款 学校、幼儿园应当根据需要，制定应对自然灾害、事故灾难、公共卫生事件等突发事件和意外伤害的预案，配备相应设施并定期进行必要的演练。

《中华人民共和国消防法》

第五条 任何单位和个人都有维护消防安全、保护消防设施、预防火灾、报告火警的义务。任何单位和成年人都有参加有组织的灭火工作的义务。

第十六条 机关、团体、企业、事业等单位应当履行下列消防安全职责：

……

（六）组织进行有针对性的消防演练；

……

101. 恶作剧将水库的水闸打开，要承担什么责任？

案例在线

高考结束后，十八岁的小民回到了乡下老家避暑。一天，附近的朋友前来寻找小民，约小民到田地旁的小水库钓鱼玩。小民欣然同意。两人一起将钓竿支好后，小民觉得在这儿看着钓竿太无聊了，便让朋友自己在这里守着，他到别处去转转。水库附近有许多农田，看着这些农田，小民突发奇想，想看看如果放开水库的水会不会真的把农田淹掉。于是，小民偷偷溜进了控制室，打开了泄洪闸门。结果，水库中的水一泄而出，淹没了农田，给农民造成了巨大的经济损失。小民的行为违法了吗？他需要承担怎样的责任？

依法解析

水库是一种拦洪蓄水和调节水流的水利建筑，在供水、发电、防洪、灌溉、养殖方面都发挥着重要的作用。一旦水库中的蓄水外泄，将会给附近居民的人身及财产安全造成重大危害。因此根据我国《水库大坝安全管理条例》第十四条的规定，除了大坝管理人员外，不允许任何人员操作大坝的泄洪闸门等设施，干扰大坝的正常管理工作。如有违反，大坝主管部门有权按照《水库大坝安全管理条例》第二十九条的规定，要求行为人承担相应的法律责任。

在上面的案例中，小民出于恶作剧的心理，打开水库的泄洪闸门，造成当地农民的巨大经济损失。小民的行为不仅违反了《水库大坝安全管理条例》的规定，还可能触犯我国《刑法》中决水罪的相关规定。根据我国《刑法》第一百一十四条和第一百一十五条第一款的规定可以得知，决水罪是一种危害公共安全的严重犯罪。只要行为人年满十六周岁，主观上出于故意，并实施了足以使水流横溢、泛滥成灾的行为，无论其是否造成了严重后果，都成立决水罪。小民明知水库附近有大片农田，如果水库中的水外泄，极有可能造成农田被淹没的后果，但他还是打开了泄洪闸门，具有决水的故意，小民也应当为自己的行为所带来的后果承担刑事责任。

法条链接

《中华人民共和国刑法》

第一百一十四条 放火、决水、爆炸以及投放毒害性、放射性、传染病病原体等物质或者以其他危险方法危害公共安全，尚未造成严重后果的，处三年以上十年以下有期徒刑。

第一百一十五条第一款 放火、决水、爆炸以及投放毒害性、放射性、传染病病原体等物质或者以其他危险方法致人重伤、死亡或者使公私财产遭受重大损失的，处十年以上有期徒刑、无期徒刑或者死刑。

《水库大坝安全管理条例》

第十四条 非大坝管理人员不得操作大坝的泄洪闸门、输水闸门以及其他设施，大坝管理人员操作时应当遵守有关的规章制度。禁止任何单位和个人干扰大坝的正常管理工作。

第二十九条 违反本条例规定，有下列行为之一的，由大坝主管部门责令其停止违法行为，赔偿损失，采取补救措施，可以并处罚款；应当给予治安管理处罚的，由公安机关依照《中华人民共和国治安管理处罚法》的规定处罚；构成犯罪的，依法追究刑事责任：

……

（三）擅自操作大坝的泄洪闸门、输水闸门以及其他设施，破坏大坝正常运行的；

……

102. 破坏典型地震遗迹的，需要承担法律责任吗？

案例在线

开学后不久，小赤就读的学校就迎来了一年一度的秋游活动。为了让同学们增长知识，增加对地震这种自然灾害的认识，学校决定将这次的秋游地点定在某典型地震遗址公园内。到了秋游的那天，小赤东看看西看看，觉得既新奇又有趣。走着走着，小赤发现遗迹内有一处明显被破坏过的痕迹。带队老师向同学们介绍说，这是建筑队在进行施工时对遗迹造成的破坏，至今无法复原。看着受损的遗迹，小赤心中十分难过。他想知道：破坏典型地震遗迹的人是否需要对自己的行为承担法律责任呢？

依法解析

地震遗址是指地震遗迹的所在之处，主要保留着地震遗留的痕迹，包括震毁、震损或地震影响区域内完好的建筑物，以及地震活动产生的地质、地形、地貌变动的痕迹等。保护典型地震遗址对我国的防震减灾科学研究、防震减灾宣传教育，以及风光旅游等都有着重要意义。根据我国《防震减灾法》第八十四条的规定，破坏典型地震遗址、遗迹的，应当由国务院地震工作主管部门或者县级以上地方人民政府负责管理地震工作的部门或者机构责令停止违法行为，恢复原状或者采取其他补救措施；造成损失的，依法承担赔偿责任。对于单位有前款所列违法行为，情节严重的，处二万元以上二十万元以下的罚款。在上面的案例中，建筑队在施工时对典型地震遗迹造成破坏，应当据此承担相应的法律责任。

法条链接

《中华人民共和国防震减灾法》

第八十四条 违反本法规定，有下列行为之一的，由国务院地震工作主管部门或者县级以上地方人民政府负责管理地震工作的部门或者机构责令停止违法行为，恢复原状或者采取其他补救措施；造成损失的，依法承担赔偿责任：

……

（三）破坏典型地震遗址、遗迹的。

单位有前款所列违法行为，情节严重的，处二万元以上二十万元以下的罚款；个人有前款所列违法行为，情节严重的，处二千元以下的罚款。构成违反治安管理行为的，由公安机关依法给予处罚。

103. 可以在饮用水水源保护区游泳吗?

案例在线

放暑假后，小钦的父母为他报了一个游泳班。小钦很有天赋，学得非常快，不到一个月就掌握了游泳技巧。他非常喜欢游泳，经常约上朋友一起到游泳馆游泳。但是，每次进游泳馆都需要门票，小钦的零花钱没多久就花光了。正当小钦发愁的时候，朋友小培突然神神秘秘地对小钦说，他知道有个什么水源保护区，水特别干净。小钦一听，立刻就心动了，于是便和小培来到某饮用水源保护区游泳。没想到，两人还没下水，就被附近巡逻的工作人员制止了。小钦和小培可以在饮用水水源保护区游泳吗?

依法解析

水是人类的生命之源，我国依法保护饮用水水源不受污染。根据我国《水污染防治法》第六十五条第二款的规定，禁止在饮用水水源一级保护区内从事游泳等可能污染饮用水水体的活动。

从这条规定可以看出，在饮用水水源一级保护区内游泳是被法律明令禁止的。

对于在饮用水水源一级保护区内从事污染饮用水水体活动的，根据《水污染防治法》第九十一条第二款的规定，应当由县级以上地方人民政府环境保护主管部门责令停止违法行为，可以处五百元以下的罚款。在上面的案例中，如果该饮用水水源保护区属于一级保护区，是绝对禁止游泳的。退一步讲，即使不是水源保护区，小钦和小培擅自去游泳，也是一件非常危险的事情，一旦发生溺水事件，后果将不堪设想。

法条链接

《中华人民共和国水污染防治法》

第六十五条第二款 禁止在饮用水水源一级保护区内从事网箱养殖、旅游、游泳、垂钓或者其他可能污染饮用水水体的活动。

第九十一条第二款 在饮用水水源一级保护区内从事网箱养殖或者组织进行旅游、垂钓或者其他可能污染饮用水水体的活动的，由县级以上地方人民政府环境保护主管部门责令停止违法行为，处二万元以上十万元以下的罚款。个人在饮用水水源一级保护区内游泳、垂钓或者从事其他可能污染饮用水水体的活动的，由县级以上地方人民政府环境保护主管部门责令停止违法行为，可以处五百元以下的罚款。

104. 发现工厂偷偷往河里排放刺鼻污水，应当如何处理？

案例在线

晓俊是一名初二的学生，平时的课余时间，他总是喜欢和同学一起参加一些公益活动。一天放学后，他和同学一起结伴到某河堤上摄影，顺便捡拾垃圾。大家一路上说说笑笑，到了河堤旁，他们发现，在河堤旁边有一家工厂，正从管道中向河道里排放散发着刺鼻气味的污水。随着污水的排放，河中清澈的河水也渐渐变成了灰黑色。晓俊和同学都十分气愤，他们拿起相机，“咔咔”一通照相，准备留取证据后进行举报。那么，他们的做法对吗？

依法解析

为避免水体遭受污染，我国对工业废水的处理有着严格的规定。根据《水污染防治法》第二十一条和第四十五条第一款的规定，直接或者间接向水体排放工业废水的生产经营者，应当取得排污许可证。排放工业废水的企业应当采取有效措施，收集和处理产生的全部废水，防止污染环境。含有毒有害水污染物的工业废水应当分类收集和处理，不得稀释排放。从这两条规定可以看出，国家对于可以向河体中排放的废水种类有着明文限制，任何未经许可便向水体排放未经处理的工业废水的行为都是违法的。

在上面的案例中，晓俊看到有工厂向河中排放具有刺鼻气味的废水，这样的废水显然未经处理，是不能直接向河体中排放的。晓俊他们可以向环境保护部门进行举报，由环保部门来对该工厂进行相应的处罚。他们利用手中的相机，拍照留取证据，是非常值得肯定的。

法条链接

《中华人民共和国水污染防治法》

第二十一条 直接或者间接向水体排放工业废水和医疗污水以及其他按照规定应当取得排污许可证方可排放的废水、污水的企业事业单位和其他生产经营者，应当取得排污许可证；城镇污水集中处理设施的运营单位，也应当取得排污许可证。排污许可证应当明确排放水污染物的种类、浓度、总量和排放去向等要求。排污许可的具体办法由国务院规定。

禁止企业事业单位和其他生产经营者无排污许可证或者违反排污许可证的规定向水体排放前款规定的废水、污水。

第四十五条第一款 排放工业废水的企业应当采取有效措施，收集和处理产生的全部废水，防止污染环境。含有毒有害水污染物的工业废水应当分类收集和处理，不得稀释排放。

第八十三条 违反本法规定，有下列行为之一的，由县级以上人民政府环境保护主管部门责令改正或者责令限制生产、停产整治，并处十万元以上一百万元以下的罚款；情节严重的，报经有批准权的人民政府批准，责令停业、关闭：

（一）未依法取得排污许可证排放水污染物的；

（二）超过水污染物排放标准或者超过重点水污染物排放总量控制指标排放水污染物的；

……

105. 践行垃圾分类也是在为环境保护做贡献吗？

案例在线

小颜的母亲是环保组织的成员，在母亲的耳濡目染之下，小颜从小就非常热爱环保。虽然她还在上小学，但是她已经立下了自己未来的志向，就是像母亲一样，加入环保组织，成为一名环保主义者。为了实现这个愿望，小颜决定从现在开始，她一定要从身边的每一件小事开始践行环保，争取为环保做贡献。她询问母亲，她可以做些什么事来保护环境。母亲告诉小颜，她可以先从垃圾分类开始。那么，小颜想知道，从法律的角度来看，践行垃圾分类也是在为环境保护做贡献吗？

依法解析

在我国以往的垃圾处理历史中，对于人们的生活垃圾，多采用简易掩埋或进行焚烧等措施进行处理。这样的措施不仅会污染环境，也降低了可回收垃圾的利用效率。随着社会的发展，国家和人们都逐渐认识到了垃圾分类的重要性。我国《固体废物污染环境防治法》第四十九条和《城市生活垃圾管理办法》第十六条都要求，任何单位和个人都应当在指定地点分类投放生活垃圾，禁止随意倾倒、抛撒、堆放或者焚烧生活垃圾。

将垃圾分类进行投放有许多优点，例如可以减少垃圾的占地，减少城市中垃圾的异味，分类后还能提高可回收垃圾的再利用效率。无论是从法律规定上，还是从实际操作上，进行垃圾分类都能对环境保护起到重要的作用。本案中的小颜小小年纪就有这么强的环保意识，这是值得肯定的。每个人都可以从身边的各种小事做起，践行垃圾分类，让我们的环境变得更好。

法条链接

《中华人民共和国固体废物污染环境防治法》

第四十九条 产生生活垃圾的单位、家庭和个人应当依法履行生活垃圾源头减量和分类投放义务，承担生活垃圾产生者责任。

任何单位和个人都应当依法在指定的地点分类投放生活垃圾。禁止随意倾倒、抛撒、堆放或者焚烧生活垃圾。

……

《城市生活垃圾管理办法》

第十六条 单位和个人应当按照规定的地点、时间等要求，将生活垃圾投放到指定的垃圾容器或者收集场所。废旧家具等大件垃圾应当按规定时间投放在指定的收集场所。

城市生活垃圾实行分类收集的地区，单位和个人应当按照规定的分类要求，将生活垃圾装入相应的垃圾袋内，投入指定的垃圾容器或者收集场所。

宾馆、饭店、餐馆以及机关、院校等单位应当按照规定单独收集、存放本单位产生的餐厨垃圾，并交符合本办法要求的城市生活垃圾收集、运输企业运至规定的城市生活垃圾处理场所。

禁止随意倾倒、抛洒或者堆放城市生活垃圾。

第9章 我和我的人格人身权

106. 人格权是什么？我们可以主动放弃吗？

案例在线

小双初中毕业后就去打工了。经人介绍，她找到了一份针织厂的工作。这份工作的酬劳十分可观，而且还管吃管住，这也为她节省了一大笔开销。只是有一个问题，当小双问起护具时，老板对她说，工厂条件有限，就不提供护具了，而且如果她天天自己戴上口罩，也不会对身体产生多大危害。接着，老板拿出一份协议，上面写着：工厂已经和员工商定，员工放弃使用护具的要求，工厂不提供护具，具体生产中是否防护由员工自己解决。小双在协议上签了字。后来，小双得知，这个工厂里的很多人，凡是对防护问题提出要求的，都签订了这样的一份协议，并且，如果员工拒签，也就相当于主动辞工了。令人不安的是，这两年，已经陆续有人出现了尘肺的症状，由于有协议在先，他们也没有选择去要求工厂给予赔偿。那么，工厂与员工签署的同意不使用护具的协议有效吗?

依法解析

员工签署的放弃使用护具的协议无效。工厂不为员工提供护具造成健康受损，侵害了公民的健康权。健康权属于人格权。人格权是指每个人的生命权、身体权、健康权、姓名权、名称权、肖像权、名誉权、荣誉权、隐私权等权利，基于人身自由、人格尊严产生的其他人格权益也属于人格权。人格权与权利主体相伴始终，它是与生俱来的，当一个人出生时，该权利当然地出现，当一个人死亡时，也会当然地消失，任何人都不能放弃自己的健康权，也无法放弃健康权。

小双等员工和工厂达成的“协议”实际上是放弃人格权的表现，而根据《民法典》第九百九十二条的规定，人格权是不能放弃的，也不能够转让或者继承。因此，放弃人格权的行为是无效的。而且，根据《劳动法》《职业病防治法》的规定，用人单位必须为劳动者提供必要的劳动防护用品。根据《安全生产法》第五十二条的规定，生产经营单位不能通过订立协议的方式，免除或者减轻本单位对劳动者因生产安全事故伤亡而依法应承担的责任。所以，无论是从《民法典》中人格权不能放弃的角度来讲，还是从《安全生产法》《职业病防治法》《劳动法》等法律的规定来讲，工厂与员工约定的不使用护具的协议是无效的。

在本案例中，工厂是必须要为小双和其他员工提供必要的防护用品的，其与员工订立的这份协议违反了法律的规定，是无效的。此外，员工在工作中因缺乏有效的护具导致尘肺，有权获得工伤保险待遇，并且，因为工厂不提供必要防护在先，他们有权要求工厂给予赔偿。

法条链接

《中华人民共和国民法典》

第九百九十条 人格权是民事主体享有的生命权、身体权、健康权、姓名权、名称权、肖像权、名誉权、荣誉权、隐私权等权利。

除前款规定的人格权外，自然人享有基于人身自由、人格尊严产生的其他人格权益。

第九百九十二条 人格权不得放弃、转让或者继承。

《中华人民共和国劳动法》

第五十四条 用人单位必须为劳动者提供符合国家规定的劳动安全卫生条件和必要的劳动防护用品，对从事有职业危害作业的劳动者应当定期进行健康检查。

《中华人民共和国职业病防治法》

第二十二条 用人单位必须采用有效的职业病防护设施，

并为劳动者提供个人使用的职业病防护用品。

用人单位为劳动者个人提供的职业病防护用品必须符合防治职业病的要求；不符合要求的，不得使用。

第五十七条 职业病病人的诊疗、康复费用，伤残以及丧失劳动能力的职业病病人的社会保障，按照国家有关工伤保险的规定执行。

第五十八条 职业病病人除依法享有工伤保险外，依照有关民事法律，尚有获得赔偿的权利的，有权向用人单位提出赔偿要求。

第五十九条 劳动者被诊断患有职业病，但用人单位没有依法参加工伤保险的，其医疗和生活保障由该用人单位承担。

《中华人民共和国安全生产法》

第五十二条 生产经营单位与从业人员订立的劳动合同，应当载明有关保障从业人员劳动安全、防止职业危害的事项，以及依法为从业人员办理工伤保险的事项。

生产经营单位不得以任何形式与从业人员订立协议，免除或者减轻其对从业人员因生产安全事故伤亡依法应承担的责任。

107. 冒用某网络作家网名，也侵犯到他人的姓名权了吗？

案例在线

小许从小就有个作家梦，一升上大学，他就开始在网络上发布自己写的小说。虽然小许每天都按时更新，但是他的小说始终没什么人看。小许深感怀才不遇，经过思考，他认为是自己的名气太低，如果能“借用”一个名气高的网名，他一定能声名大振。于是，小许冒用了网站知名作家“望北”的网名，创作了一部小说。该小说一经发出，便引起了巨大反响。但同时，许多读者发现，该小说并非“望北”本人所作，于是便在评论里留下差评，要求小许删文道歉。那么，小许冒用知名网络作家网名的行为，是否侵犯了他人的姓名权？

依法解析

在当今这个科技飞速发展的时代，网络越来越深入人们的生活，人们在网络上使用的网名该如何保护的问题也被纳入了法律之中。根据《民法典》第一千零一十七条的规定，具有一定社会知名度，被他人使用足以造成公众混淆的网名等，参照适用姓名权和名称权保护的有关规定。也就是说，具有一定知名度的网名同样被法律规定在姓名权的范畴中，冒用他人的网名，同样侵犯了他人的姓名权。

姓名权是人格权的一种，是指自然人依法决定、使用、变更或者许可他人使用自己的姓名的权利。我国《民法典》第一千零一十四条规定，任何组织或者个人不得以干涉、盗用、假冒等方式侵害他人的姓名权。在上面的案例中，小许为了让自己的小说被更多人看到，冒用了“望北”这个网名。望北作为网站知名作家，他的网名具有和姓名一样的法律地位，小许冒用其网名，侵犯了望北的姓名权。望北可以依据法律的规定，维护自己的合法权利。

法条链接

《中华人民共和国民法典》

第一千零一十四条 任何组织或者个人不得以干涉、盗用、假冒等方式侵害他人的姓名权或者名称权。

第一千零一十七条 具有一定社会知名度，被他人使用足以造成公众混淆的笔名、艺名、网名、译名、字号、姓名和名称的简称等，参照适用姓名权和名称权保护的有关规定。

108. 冒名顶替上大学，侵犯了他人的什么权利？

案例在线

小恒是一名高三学生，父亲秦某在小恒就读的学校当老师。虽然小恒学习很用功，但是他的学习成绩总是班里的“吊车尾”。眼看马上就要高考了，可小恒的成绩连考上专科都有些吃力。高考结束后，小恒果然落榜了。没过多久，学生们的大学录取通知书统一寄到了学校。秦某看着通知书，想到了家里失魂落魄的小恒，忍不住动起了歪念头。于是，秦某悄悄扣下一封录取通知书，按照通知书上的名字，通过一些渠道为小恒伪造了身份证件，让小恒顶替他人去上大学。但秦某还未得逞，他的行为便被发现，公安机关将秦某抓获。秦某和小恒的行为侵犯了他人的什么权利？

依法解析

《宪法》作为我国的根本大法，规定了我国公民的众多基本权利与义务，受教育权便是其中的一种。《宪法》第四十六条第一款规定，中华人民共和国公民有受教育的权利和义务。也就是说，受教育权作为公民的基本权利和义务，是公民必须履行的，任何人都不能加以侵犯和阻碍。在上面的案例中，秦某为小恒伪造了身份信息，想让其冒用其他人的身份去上大学，该行为一旦导致他人因此无法接受大学教育，就是侵犯到了他人的受教育权。

冒用他人姓名上大学的行为还侵犯了他人的姓名权。《民法典》第一千零一十四条规定，任何组织或者个人不得以干涉、盗用、假冒等方式侵害他人的姓名权。从这条规定中可以看出，公民对自己的姓名是享有绝对的权利的，公民的姓名权不容他人侵犯。案例中的秦某为小恒伪造了假的身份证，侵犯了该身份证所属人的姓名权。与此同时，秦某伪造身份证件的行为还触犯了我国《刑法》第二百八十条第三款中规定的伪造身份证件罪。

此外，需要注意的是，对于冒名顶替上大学的行为，已经入刑入罪。我国《刑法》第二百八十条之二第一款规定：盗用、冒用他人身份，顶替他人取得的高等学历教育入学资格、公务员录用资格、就业安置待遇的，处三年以下有期徒刑、拘役或者管制，并处罚金。

由此可见，冒名顶替上大学已经不仅仅是民事侵权行为，有相关歪思想的人要注意了，不要铤而走险。而对于被冒名顶替者，也要懂得拿起法律的武器来维权。

法条链接

《中华人民共和国民法典》

第一千零一十四条 任何组织或者个人不得以干涉、盗用、假冒等方式侵害他人的姓名权或者名称权。

《中华人民共和国宪法》

第四十六条第一款 中华人民共和国公民有受教育的权利和义务。

《中华人民共和国刑法》

第二百八十条第三款 伪造、变造、买卖居民身份证、护照、社会保障卡、驾驶证等依法可以用于证明身份的证件的，处三年以下有期徒刑、拘役、管制或者剥夺政治权利，并处罚金；情节严重的，处三年以上七年以下有期徒刑，并处罚金。

第二百八十条之二第一款 盗用、冒用他人身份，顶替他人取得的高等学历教育入学资格、公务员录用资格、就业安置待遇的，处三年以下有期徒刑、拘役或者管制，并处罚金。

109. 发表恶搞他人形象的照片，侵犯他人肖像权了吗？

案例在线

小翔不喜欢搞卫生，总是在班级放学大扫除的时候偷懒，悄悄溜到操场上踢球。一天，正当小翔打算开溜时，被卫生委员小斌抓了个正着。小斌指责小翔没有班级荣誉感，将小翔的事情报告给了班主任。班主任得知后，严厉地批评了小翔。小翔觉得小斌拿着鸡毛当令箭，对他怀恨在心。他偷偷拍摄了小斌的照片，并用修图软件在照片上添加了一些恶搞小斌的图案，将这张照片制作成了表情包，随即发布在了网上。小翔恶搞小斌照片的行为，是否侵犯了小斌的肖像权呢？

依法解析

肖像权是人格权的一种，是指自然人依法制作、使用、公开或者许可他人使用自己肖像的权利。根据我国《民法典》第一千零一十九条的规定，任何组织或者个人不得以丑化、污损，或者利用信息技术手段伪造等方式侵害他人的肖像权。未经肖像权人同意，不得制作、使用、公开肖像权人的肖像。从这条规定我们可以看出，在没有得到肖像权人同意时，他人是不可以制作、使用或公开其肖像的。

在上面的案例中，小翔因班级琐事对小斌心生怨恨，出于报复的心理，擅自使用小斌的肖像，在网上发布了恶搞小斌形象的表情包。他的行为符合法律所说的以丑化手段侵害他人肖像权的情形，侵犯了小斌的肖像权。小翔应该立即停止侵权行为，撤销在网上发布的表情包，并公开向小斌道歉，请求小斌的原谅。

法条链接

《中华人民共和国民法典》

第一千零一十九条 任何组织或者个人不得以丑化、污损，或者利用信息技术手段伪造等方式侵害他人的肖像权。未经肖像权人同意，不得制作、使用、公开肖像权人的肖像，但是法律另有规定的除外。

未经肖像权人同意，肖像作品权利人不得以发表、复制、发行、出租、展览等方式使用或者公开肖像权人的肖像。

110. 十二岁的孩子能决定捐肾给他人吗?

案例在线

小盛今年十二岁，从小就是个热爱公益的孩子，经常和父母一起参加各种公益活动。一次，在前往医院探望患病儿童时，小盛认识了患有尿毒症的小女孩月月。月月虽然只有九岁，但也已经是个“老病号”了，只能通过透析维持正常生活。小盛和月月非常聊得来，没多久就成了很好的朋友。看着月月这么小就要遭受疾病的折磨，小盛很想帮她。他在网上查询到，尿毒症可以通过换肾来治疗，经过几天的考虑，小盛决定去做配型，如果配型成功，便将自己的肾脏捐给月月。那么，小盛能够这样决定捐献自己的肾脏吗？

依法解析

器官捐献能够挽救重症病人的生命，是一项非常有意义的善举。但是，由于器官捐献关系到行为人对于自己健康权的处分，为保证捐献人在做出器官捐献决定时有充分的认识能力，我国法律对器官捐献作出了严格的规定。《民法典》和《人体器官移植条例》中均规定，只有完全民事行为能力人才有权决定捐献自己的器官，且必须具有书面形式的捐献意愿，任何组织或个人不得强迫、欺骗、利诱捐献人捐献器官。

在上面的案例中，小盛只是一名十二周岁的未成年人，依据法律的规定，他还不具备完全民事行为能力。虽然小盛与月月之间无私的友谊十分让人动容，但是他还没有决定捐献自己器官的能力，是无法为月月捐献肾脏的。月月的经历令人同情，小盛可以在自己力所能及的范围内帮助月月，平时多去医院看望她，在精神上鼓励月月渡过难关。

法条链接

《中华人民共和国民法典》

第一千零六条 完全民事行为能力人有权依法自主决定无偿捐献其人体细胞、人体组织、人体器官、遗体。任何组织或者个人不得强迫、欺骗、利诱其捐献。

完全民事行为能力人依据前款规定同意捐献的，应当采用书面形式，也可以订立遗嘱。

自然人生前未表示不同意捐献的，该自然人死亡后，其配偶、成年子女、父母可以共同决定捐献，决定捐献应当采用书面形式。

《人体器官移植条例》

第八条第一款 捐献人体器官的公民应当具有完全民事行为能力。公民捐献其人体器官应当有书面形式的捐献意愿，对已经表示捐献其人体器官的意愿，有权予以撤销。

111. 孩子被商场的电梯夹伤手指，商场需要负责任吗？

案例在线

冬冬今年七岁，好奇心非常强，性格有些调皮。眼看夏天就要到了，冬冬的妈妈想要为家里人添置几件夏装，便带着冬冬来到了商场。在商场里，冬冬没有耐心陪着妈妈四处闲逛，趁着妈妈正在试衣间里试衣服的时候，冬冬便独自一人跑到了电动扶梯口。商场的电动扶梯因出现了故障处于暂停运转状态，但附近并没有任何安全提示。就在冬冬在停止的电梯上玩耍时，原本停止的电梯突然启动，冬冬不慎摔倒，并在下意识找扶手的过程中夹住了手指。那么，冬冬在商场中受伤，商场需要负责任吗？

依法解析

对于在经营场所中受伤该由何人来承担责任的问题，我国《民法典》的“侵权责任编”对此作出了规定。根据《民法典》第一千一百九十八条第一款的规定，商场的经营者、管理者，未尽到安全保障义务，造成他人损害的，应当承担侵权责任。从这条规定可以看出，并不是在商场中发生的所有损害都应当由商场的经营者、管理者来承担责任，只有当其未尽到应当尽到的安全保障义务时，才需要对他人的损害负责。

在上面的案例中，冬冬趁妈妈不注意独自跑到因故障而停运的电动扶梯上玩耍，不慎摔倒后导致手指被夹伤。从商场的角度看，电梯已经存在故障，虽然已经停止，但因故障电梯导致顾客受伤的可能性还是有的，对此，商场应当做出相应的安全保障措施。例如，商场可以在电梯旁竖立警示牌，拉上警戒线，提醒电梯已坏，不要进入电梯。从这点来看，本案中的商场并没有尽到相应的安全保障义务，应当为冬冬的损害负责任。

同时，冬冬的妈妈作为冬冬的监护人，应当对冬冬尽到监护义务，有责任看好冬冬，来避免冬冬可能遇到的危险。本案中，冬冬会受伤，与冬冬妈妈没能尽到监护义务也有一定的关系，因此，应当由冬冬妈妈和商场共同为冬冬的损害承担责任。

法条链接

《中华人民共和国民法典》

第一千一百九十八条第一款 宾馆、商场、银行、车站、机场、体育场馆、娱乐场所等经营场所、公共场所的经营者、管理者或者群众性活动的组织者，未尽到安全保障义务，造成他人损害的，应当承担侵权责任。

第一千一百七十三条 被侵权人对同一损害的发生或者扩大有过错的，可以减轻侵权人的责任。

112. 在动物园违反规定投喂动物时被咬伤，可以要求动物园赔偿吗？

案例在线

适逢假日，明明和父母一起到动物园游玩。这是明明第一次来动物园，看什么都感觉很新鲜。当走到猴山时，猴山上的小猴子们活泼好动，看起来十分可爱。明明很喜欢它们，忍不住停下看了很久。爸爸见状，便想让明明把包里的香蕉喂给小猴子吃，他看到猴山旁边挂着“禁止投喂”的提示牌，心想：反正也没人看见，给猴子喂个吃的又不犯法。于是，爸爸将香蕉递给明明，让他喂给小猴子。猴山的铁栅栏缝隙不小，明明可以很轻松地将手伸进去。可是，没想到，小猴子们看到香蕉后，纷纷争抢，一只猴子在争抢中咬伤了明明的手。明明被动物园的猴子咬伤，可以要求动物园赔偿吗？

依法解析

根据我国《民法典》第一千二百四十八条的规定，动物园的动物造成他人损害的，动物园应当承担侵权责任；但是，能够证明尽到管理职责的，不承担侵权责任。也就是说，动物园的动物致人伤害时，动物园要给予赔偿，但是，如果动物园能够证明自己已经尽到了管理职责，是游客或其他的原因造成游客受伤，其便可以不承担侵权赔偿责任。

在上面的案例中，明知动物容易伤人，动物园却并未采取足够安全的保护措施，来隔绝游客和动物的接触，也没有派出工作人员来提醒警示游客。从这一点来看，动物园在管理方面是没有尽到应尽的职责的。对于猴子这样灵敏的动物，动物园应该在安装铁栅栏的基础上再加以网状隔离物，以最大限度地避免投喂或者伤害事件的发生，仅凭一个“禁止投喂”的提示牌，是不足以保障安全的。

但是，明明受伤的责任也不能完全应由动物园来承担。《民法典》第一千一百七十三条规定，被侵权人对同一损害的发生或者扩大有过错的，可以减轻侵权人的责任。动物园不允许游客私自投喂动物，并且已经挂起了“禁止投喂”的提示牌。明明爸爸看到提示牌后，在明知投喂动物违反了动物园规定的前提下，依然让明明投喂小猴子，这种行为存在过错，依据法律规定，可以适当减轻动物园的责任。

法条链接

《中华人民共和国民法典》

第一千一百七十三条 被侵权人对同一损害的发生或者

扩大有过错的，可以减轻侵权人的责任。

第一千二百四十八条 动物园的动物造成他人损害的，动物园应当承担侵权责任；但是，能够证明尽到管理职责的，不承担侵权责任。

113. 父亲的遗物被他人损坏时，可以要求其承担精神赔偿吗？

案例在线

小涵是一名中学生，她的父亲是一名人民警察，在一次任务中光荣牺牲。父亲去世后，小涵将父亲留给自己的水晶玻璃挂坠视若珍宝，形影不离，并把它挂在了自己每天都背的书包上。同班的小泰平时最能调皮捣蛋，总是被老师批评。他怀疑这都是因为作为班长的小涵向老师告状，便暗地里想着要报复小涵一次，让她长个教训。小泰注意到小涵书包上总是挂着一个玻璃挂坠，心里猜测小涵一定很喜欢它，便趁小涵不注意一把将挂坠从小涵的书包上薅了过来。谁料，小泰一把没有攥住，挂坠掉在地上摔碎了。挂坠摔碎后，小涵十分痛苦，晚上经常失眠，白天也魂不守舍。后小涵被确诊为抑郁症。在这种情况下，小涵能向小泰要求精神损害赔偿吗？

依法解析

精神损害赔偿是指被侵权人在财产或人身权利受到侵害并遭受巨大精神痛苦时，有权要求侵权人承担赔偿责任的民事法律制度。我国《民法典》第一千一百八十三条第二款规定，因故意或者重大过失侵害自然人具有人身意义的特定物造成严重精神损害的，被侵权人有权请求精神损害赔偿。从这条规定可以看出，当特定人格物遭受侵害时，只有被侵权人精神受到严重损害的，才能要求侵权人承担民事赔偿，否则，只能通过要求侵权人停止侵害、赔礼道歉、消除影响等方式维护自己的权利。

在上面的案例中，挂坠是父亲留给小涵重要的遗物，对于小涵来说，不论这条挂坠的价值高低，它都有着特殊的意义。小泰为了报复小涵，抢走了小涵的挂坠，并不慎摔碎，虽然他对挂坠摔碎的结果并非出于故意，但也应当预见到自己的行为会造成吊坠毁坏的后果。挂坠摔碎后，小涵心情痛苦，被确诊为抑郁症。那么，她的具体病情经鉴定若符合法律规定的严重精神损害的情形，是可以要求小泰承担精神损害赔偿的。

法条链接

《中华人民共和国民法典》

第一千一百八十三条 侵害自然人人身权益造成严重精

神损害的，被侵权人有权请求精神损害赔偿。

因故意或者重大过失侵害自然人具有人身意义的特定物造成严重精神损害的，被侵权人有权请求精神损害赔偿。

114. 在网上被人攻击为“绿茶婊”，应当如何维护自己的权利?

案例在线

小蕾是一名大学生，在学生会中担任文艺部部长的职位。小蕾人长得漂亮，性格也很开朗，学生会中有什么大事小事，她都积极解决，大家都很喜欢她。久而久之，也有不少男生对小蕾心怀爱慕，但是小蕾认为自己还是想以学业为重，便拒绝了他们。同校的郭某也曾被小蕾拒绝过，与其他人不同的是，他对小蕾怀恨在心，认为自己得不到小蕾，也不让小蕾好。于是，郭某便在学校论坛上发布了一篇帖文，声称小蕾就是个“绿茶婊”，平时开朗的样子是故意装出来的，目的就是勾引别人。这篇帖文发布后点击量很高，对小蕾的声誉造成了非常恶劣的影响。小蕾的什么权利受到了侵害?她应当如何维护自己的权利?

依法解析

小蕾的名誉权受到了侵害。名誉权是指对民事主体的品德、声望、才能、信用等的社会评价。我国《民法典》第一千零二十四条第一款规定，民事主体享有名誉权，任何组织或者个人不得以侮辱、诽谤等方式侵害他人的名誉权。在上面的案例中，郭某因被小蕾拒绝而怀恨在心，在网上污蔑小蕾，对小蕾的声誉造成了非常恶劣的影响，其行为侵害了小蕾的名誉权。

《民法典》第一千一百九十五条规定，网络用户利用网络服务实施侵权行为的，权利人有权通知网络服务提供者采取删除、屏蔽、断开链接等必要措施。网络服务提供者接到通知后，应当及时将该通知转送相关网络用户，并根据构成侵权的初步证据和服务类型采取必要措施。依据这条规定，小蕾可以先联系学校论坛的负责人，要求其删除该帖文。随后，她可以要求郭某停止侵害、排除妨碍、消除影响、恢复名誉、赔礼道歉等，必要时，也可以向人民法院提起诉讼。

法条链接

《中华人民共和国民法典》

第一千零二十四条 民事主体享有名誉权。任何组织或者个人不得以侮辱、诽谤等方式侵害他人的名誉权。

名誉是对民事主体的品德、声望、才能、信用等的社会评价。

第一千一百九十五条 网络用户利用网络服务实施侵权行为的，权利人有权通知网络服务提供者采取删除、屏蔽、断开链接等必要措施。通知应当包括构成侵权的初步证据及权利人的真实身份信息。

网络服务提供者接到通知后，应当及时将该通知转送相关网络用户，并根据构成侵权的初步证据和服务类型采取必要措施；未及时采取必要措施的，对损害的扩大部分与该网络用户承担连带责任。

权利人因错误通知造成网络用户或者网络服务提供者损害的，应当承担侵权责任。法律另有规定的，依照其规定。

115. 被高空抛物砸伤的，应当向谁维权？

案例在线

一天，小飞放学后，像平常一样走路回家。走到小区里以后，由于天气炎热，在太阳的暴晒之下，小飞感觉有点头晕，便挨着墙走在大楼的阴影里。谁承想，就在小飞快要到家时，一个空啤酒瓶从天而降，正好砸中小飞的头，小飞当即便昏迷不醒。路过的居民发现晕倒的小飞后，连忙将他送往医院。经过医生的治疗，小飞没有生命危险，但是他的头皮受了外伤，还有脑震荡，后续治疗需要一定的费用。那么，小飞应该找谁去赔偿？

依法解析

高空抛物行为会给人们的生命安全带来巨大的威胁，不仅违背道德，更违背法律。为了遏制这种行为发生，我国不仅在《民法典》中规定了高空抛物者需承担的责任，更将高空抛物行为列入了《刑法》。根据《民法典》第一千二百五十四条的规定，高空抛物造成他人损害的，应当由侵权人依法承担侵权责任。经调查难以确定具体侵权人的，除能够证明自己不是侵权人的外，由可能加害的建筑物使用人给予补偿。可能加害的建筑物使用人补偿后，有权向侵权人追偿。同时，物业等建筑管理人未采取必要的安全保障措施的，应当依法承担未履行安全保障义务的侵权责任。

依据此条规定，本案中的小飞或小飞的家人可以在第一时间报警，由公安机关来对高空抛物行为进行调查，确定侵权人的身份。当侵权人的身份难以确定时，小飞可以要求该建筑物中所有可能有高空抛物行为且可能致其伤害的居民承担责任。此外，如果小区物业并未尽到安全保障义务，小飞也可以要求物业承担相应的侵权责任。

法条链接

《中华人民共和国民法典》

第一千二百五十四条 禁止从建筑物中抛掷物品。从建筑物中抛掷物品或者从建筑物上坠落的物品造成他人损害的，由侵权人依法承担侵权责任；经调查难以确定具体侵权人的，除能够证明自己不是侵权人的外，由可能加害的建筑物使用人给予补偿。可能加害的建筑物使用人补偿后，有权向侵权人追偿。

物业服务企业等建筑物管理人应当采取必要的安全保障措施防止前款规定情形的发生；未采取必要的安全保障措施的，应当依法承担未履行安全保障义务的侵权责任。

发生本条第一款规定的情形的，公安等机关应当依法及时调查，查清责任人。

116. 微信聊天记录被父母偷看，父母构成侵权吗？

案例在线

依依是一名高二学生，在一次市里举办的奥数比赛中，她认识了另外一所高中的小卓。两人都对数学有着浓厚的兴趣，相谈甚欢，便交换了微信号，平时就在微信上聊天。经过了解后，依依发现她和小卓之间竟然还有着许多其他的共同爱好，她非常开心，与小卓聊天聊得也就更频繁了。时间一长，母亲怀疑依依在早恋，于是趁着依依睡觉时，偷偷翻看了依依的聊天记录。她见依依的聊天对象竟然是个男生，立刻确定了自己的猜想，气愤地拿着聊天记录质问依依是怎么回事。依依认为这是自己的隐私，母亲却说："你是我的女儿，你在我面前没有隐私！"依依的母亲是否侵犯了依依的隐私权呢？

依法解析

隐私是指自然人的私人生活安宁和不愿为他人知晓的私密空间、私密活动、私密信息。我国《民法典》第一千零三十二条规定，自然人享有隐私权。任何组织或者个人不得以刺探、侵扰、泄露、公开等方式侵害他人的隐私权。从这条规定可以看出，每个人都享有隐私权，无论对象是谁，都不得擅自侵犯他人的隐私权。

在上面的案例中，依依的母亲认为依依是自己的女儿，在自己面前不存在隐私，这种想法是错误的。子女并不是父母的附属品，具有自己独立的人格，需要被尊重。即使是父母，也应当保护子女的人格尊严，尊重子女的隐私。虽然依依母亲的出发点是为了依依的健康成长，但是她应当注意管教依依的方式，要以更加温和的方式与依依进行沟通，在了解依依的基础上对依依进行教育。

至于父母偷看孩子的聊天记录是否属于侵权行为，不能一概而论。在大多数情况下，父母关注孩子的行为或者交往对象，都是为了孩子的健康成长，只是采用了偷偷的而非光明正大的途径。因此，不能上纲上线，就定其为侵权的行为。

归根到底，家是一个讲爱的地方，父母和子女应当互敬互爱，加强交流，注意交流方式，营造良好的家庭氛围。

法条链接

《中华人民共和国民法典》

第一千零三十二条 自然人享有隐私权。任何组织或者个人不得以刺探、侵扰、泄露、公开等方式侵害他人的隐私权。

隐私是自然人的私人生活安宁和不愿为他人知晓的私密空间、私密活动、私密信息。

第九百九十五条 人格权受到侵害的，受害人有权依照本法和其他法律的规定请求行为人承担民事责任。受害人的停止侵害、排除妨碍、消除危险、消除影响、恢复名誉、赔礼道歉请求权，不适用诉讼时效的规定。

117. 见义勇为时受伤的，只能自认倒霉吗？

案例在线

小达是一名高一的学生，性格豪爽，乐于助人，同学们都喜欢和他交朋友。一天放学后，小达发现几个小混混拦住了一个学生，向他索要“保护费”。小达定睛一看，发现这个学生正是隔壁班的小伟。为了帮助小伟摆脱困境，小达勇敢地挺身而出，上前与几个小混混搏斗起来。在打斗中，小达被小混混刺伤了手臂。小混混见伤了人，连忙仓皇逃跑。小达被送到医院，处理伤口和后续治疗花费了两三千元。事后，小伟的父母也只是带了些营养品来看望小达，对补偿医药费的事情只字未提。小达心中无奈，谁让他要多管闲事呢，只能自认倒霉了。那么，小达是只能忍气吞声，还是可以要求他人承担责任呢？

依法解析

路见不平，拔刀相助，这是我国几千年文化中一直传承的美德。见义勇为的人出于正义，帮助他人摆脱违法行为的侵犯，这样的行为是值得被肯定的。为了鼓励和保护见义勇为的行为，《民法典》第一百八十三条规定，因保护他人民事权益使自己受到损害的，由侵权人承担民事责任，受益人可以给予适当补偿。没有侵权人、侵权人逃逸或者无力承担民事责任，受害人请求补偿的，受益人应当给予适当补偿。

从这条规定可以看出，当见义勇为者为保护他人导致自己的权利受到侵害时，首先应当由侵权人来承担责任，侵权人因主客观原因无法承担责任时，由受益人来对见义勇为者给予适当的补偿。本案中，小达因见义勇为而受伤，应当及时报警，由公安机关对加害者进行处理，从而向加害者要求赔偿。在加害者尚未抓获或无力赔偿时，小达也可以要求小伟对自己进行适当的补偿。

法条链接

《中华人民共和国民法典》

第一百八十三条 因保护他人民事权益使自己受到损害的，由侵权人承担民事责任，受益人可以给予适当补偿。没有侵权人、侵权人逃逸或者无力承担民事责任，受害人请求补偿的，受益人应当给予适当补偿。

118. 自己的宠物被挑逗后咬伤他人，需要赔偿吗?

案例在线

佳佳非常喜欢小动物，她央求了母亲好久，母亲终于同意让她饲养一只小狗当宠物。佳佳领养到宠物后，非常开心，立刻将这个消息告诉了好朋友秋秋。秋秋听后，提出要到佳佳家看小狗，佳佳痛快地同意了。秋秋一到佳佳的家里，立刻就要抚摸小狗，可是小狗的胆子比较小，对着秋秋发出了“呜呜”的威胁声。佳佳见状，便提醒秋秋，让她当心不要被小狗咬到了。但是秋秋却说：“它这么小，我不信它敢咬我。”说完，秋秋便继续追逐小狗，惊慌失措的小狗一口将秋秋咬伤了。在这种情况下，佳佳的家长需要对秋秋承担赔偿责任吗？

依法解析

随着人们生活水平的提高，越来越多的宠物开始走进人们的家庭，成为家庭中的一分子。也因此，宠物伤人事件频频发生。那么，饲养的宠物造成他人受伤时，宠物的主人该如何赔偿呢？我国《民法典》第一千二百四十五条规定，饲养的动物造成他人损害的，动物饲养人应当承担侵权责任；但是，能够证明损害是因被侵权人故意或者重大过失造成的，可以不承担或者减轻责任。

从这条规定可以看出，宠物伤人时，原则上应当由宠物的主人来承担赔偿责任。在上面的案例中，秋秋到佳佳家里做客，却被佳佳家的宠物狗咬伤。对于佳佳一家而言，有客人来家做客，他们应该管理好自己的宠物，防止其咬伤客人，因此应当对秋秋的损害承担责任，赔偿秋秋的医疗费用。

但是，秋秋也有责任，她在佳佳提醒后，依然一意孤行，坚持要追逐小狗，才导致小狗咬人。对此，秋秋也存在一定的过错，也应当对自己受伤的结果承担一定的责任。因此，可以减轻佳佳需要承担的一部分责任，由佳佳来赔偿秋秋的一部分医疗费即可。

法条链接

《中华人民共和国民法典》

第一千二百四十五条 饲养的动物造成他人损害的，动物饲养人或者管理人应当承担侵权责任；但是，能够证明损害是因被侵权人故意或者重大过失造成的，可以不承担或者减轻责任。

119. 打篮球时将对手撞伤，需要赔偿医疗费用吗？

案例在线

正在读初中的小凯从小就很喜欢打篮球，听说学校下个月要举办篮球比赛，他第一个报了名。经过一个月的训练，篮球赛终于开幕了。由于小凯身材高大，老师便让他担任起重要作用的中锋。小凯受到老师的器重，非常开心，在比赛时也格外认真。比赛逐渐进入关键时刻，小凯的队伍以一分之差落后于对手。小凯有些着急，心情也逐渐浮躁起来。就在他跳起来抢篮板的时候，不慎将对手撞倒，对手立刻被老师送往医院。经过医生的检查，该同学小腿骨折。小凯需要承担该同学的医疗费用吗？

依法解析

根据我国《民法典》第一千一百七十六条的规定，自愿参加具有一定风险的文体活动，因其他参加者的行为受到损害的，受害人不得请求其他参加者承担侵权责任；但是，其他参加者对损害的发生有故意或者重大过失的除外。从这条规定可以看出，在参加具有一定风险的文体活动时，参加者之间发生磕碰受伤在所难免，在参加者都已经充分尽到注意义务的前提下，受害人是不能以此来要求他人承担赔偿责任的。

在上面的案例中，小凯参加学校组织的篮球比赛，他抢篮板的行为是篮球比赛中的正常行为，将对手撞倒也是在对抗比赛中有很大可能发生的正常情形。根据法律的规定，小凯无须负担对手的医疗费用。但是，学校在组织篮球赛时，应当及时提醒学生们注意安全，同时尽到对学生们的安全保障义务。学校未能尽到安全保障义务的，应当依据相关法律的规定对学生受伤的结果承担相应的责任。

法条链接

《中华人民共和国民法典》

第一千一百七十六条 自愿参加具有一定风险的文体活动，因其他参加者的行为受到损害的，受害人不得请求其他参加者承担侵权责任；但是，其他参加者对损害的发生有故意或者重大过失的除外。

活动组织者的责任适用本法第一千一百九十八条至第一千二百零一条的规定。

120. 在美术课上使用他人放在网上的照片进行创作，侵权了吗？

案例在线

小桃今年十五岁，正在读高一。上星期美术课时，美术老师给同学们布置了一个任务，要求大家回去找一张照片当参照，下节课要教授同学们绘制肖像画的技巧。小桃回家后，把家里翻了个底朝天，也没有找到合适的照片来当作肖像画的参照物。同班同学建议小桃可以去网上找一张照片，小桃听后觉得很有道理，便在网上找到了一张他人上传到网上的自拍照。正当小桃为完成了美术老师布置的任务而高兴时，她却突然看到网上照片下的一行小字：肖像权仅归本人所有。看到这行字，小桃不禁犯了难。她想知道，如果她使用这张照片进行美术创作，会侵犯他人的肖像权吗？

依法解析

根据我国《民法典》第一千零一十八条的规定，肖像是指通过影像、雕塑、绘画等方式在一定载体上所反映的特定自然人可以被识别的外部形象。肖像权是自然人对自己的肖像所享有的权利，自然人有权依法制作、使用、公开或者许可他人使用自己的肖像。从法律的一般规定上来讲，任何组织或个人都不得以任何方式侵犯他人的肖像权。但是，《民法典》第一千零二十条同时规定了可以合理使用他人肖像权的情形。该条第一项规定，为个人学习、艺术欣赏、课堂教学或者科学研究，在必要范围内使用肖像权人已经公开的肖像，无须经过肖像权人同意。

在上面的案例中，小桃使用他人公布在网上的自拍照当作参照物，来进行美术课上的教学活动，符合法律规定的合理使用他人肖像权的情形，是不构成侵犯他人肖像权的。

法条链接

《中华人民共和国民法典》

第一千零一十八条 自然人享有肖像权，有权依法制作、使用、公开或者许可他人使用自己的肖像。

肖像是通过影像、雕塑、绘画等方式在一定载体上所反映的特定自然人可以被识别的外部形象。

第一千零二十条 合理实施下列行为的，可以不经肖像权人同意：

（一）为个人学习、艺术欣赏、课堂教学或者科学研究，在必要范围内使用肖像权人已经公开的肖像；

……

121. 女孩被父亲和其女朋友家暴，姥姥可以采取什么措施？

案例在线

佳佳的母亲在佳佳两岁时就去世了，她从小和父亲老李一起长大。时间转眼就过去了，佳佳现在已经是一名二年级的小学生了。由于其父亲一直单身，身边会有一些街坊邻居给佳佳父亲介绍对象，佳佳父亲之前都忙于事业和照顾佳佳，没有多余的时间和精力去想感情的事情。但这次，张阿姨介绍的对象小琴年轻、漂亮，老李一下子就陷进去了。没过多久，二人就开启了同居生活。佳佳是一个开明的孩子，觉得有一个人陪伴自己的父亲挺好的，还可以缓解父亲的孤独感。但没想到，两人同居一年后，小琴渐渐开始不满，觉得老李总是偏爱女儿，所以就趁老李不在家的时候殴打佳佳，从最开始的一两次到动不动就对佳佳动手动脚，导致佳佳身上经常有很多瘀青。和小琴在一起后，老李也是性情大变，不但不阻止小琴的家暴行为，有时还会和小琴一起虐待佳佳。最后，佳佳只好向远在外地的姥姥求助。那么，佳佳的姥姥可以采取什么措施呢？

依法解析

原生家庭对一个孩子的成长至关重要，对未成年人性格的塑造有很大的影响。但是，社会中一直不乏家庭暴力的新闻报道，看着一个个稚嫩、阳光的可爱面容被心理扭曲的亲近的人伤害着，在痛骂施暴者的同时，社会及该未成年人的其他监护人等可以采取怎样的措施来保护未成年人呢？

根据我国《未成年人保护法》第一百零八条的规定，有关人员或者单位可以向人民法院进行申请，请求法院作出人身安全保护令或请求法院撤销未成年人父母的监护人资格。也就是说，在上面的案例中，佳佳的姥姥可以向法院申请撤销佳佳父亲老李监护人的资格或请求法院作出人身安全保护令。同时，根据《反家庭暴力法》第十三条的规定，姥姥还可以向村委会、妇女联合会等单位进行投诉、反映以及求助，情况严重的，还可以向公安机关报案。

法条链接

《中华人民共和国未成年人保护法》

第一百零八条 未成年人的父母或者其他监护人不依法履行监护职责或者严重侵犯被监护的未成年人合法权益的，人民法院可以根据有关人员或者单位的申请，依法作出人身安全保护令或者撤销监护人资格。

被撤销监护人资格的父母或者其他监护人应当依法继续负担抚养费用。

《中华人民共和国反家庭暴力法》

第十三条 家庭暴力受害人及其法定代理人、近亲属可以向加害人或者受害人所在单位、居民委员会、村民委员会、妇女联合会等单位投诉、反映或者求助。有关单位接到家庭暴力投诉、反映或者求助后，应当给予帮助、处理。

家庭暴力受害人及其法定代理人、近亲属也可以向公安机关报案或者依法向人民法院起诉。

单位、个人发现正在发生的家庭暴力行为，有权及时劝阻。

122. 未成年人遭受性侵后，我国法律可以提供怎样的保护？

案例在线

麦子刚上小学的时候，其父母在一起意外事故中不幸双双去世，此后，她跟着姑姑一起生活。随着时间的流逝，麦子转眼成了一个十二三岁的大姑娘，稚气未脱的麦子已出落得越发漂亮，大家都夸麦子靓丽。但是，随着麦子的成长，麦子时不时觉得姑父平时在生活中的一些举动有些奇怪，例如，有时会在深夜偷偷跑进自己的房间，甚至有时会不经意间触摸自己的大腿。所以，麦子就尽量不与姑父单独待在家里，暑假的时候也是尽可能参加学校的活动。然而，某天，姑父编借口称姑姑生病将麦子骗回家里，并趁姑姑不在家对麦子实施了性侵害。事发之后，麦子害怕，一直未将这件事告诉任何人。那么，在未成年人遭受性侵后，我国法律可以提供怎样的保护？

依法解析

性教育对未成年人而言益处很大，但在社会生活中，由于观念保守，很多家长都羞于开口提及该话题，导致未成年人对自我保护意识不足。在新闻报道事件中，我们会发现对未成年人实施性侵害行为的人往往是平时接触密切且亲近的人，由于未成年人对上述群体没有戒备心，反而给施暴者创造了机会。那么，在发生性侵事件之后，未成年人在我国法律中可以得到哪些帮助或保护呢？下面我们一起来看一看。

《未成年人保护法》中规定，公检法等机关和其他组织要互相配合，对遭受性侵害的未成年被害人采取必要的心理干预、经济救助、法律援助、转学安置等保护措施。公检法机关在办理未成年人遭受性侵害或者暴力伤害案件，在询问未成年被害人、证人时，应当采取同步录音录像等措施，并且尽量一次完成；未成年被害人、证人是女性的，应当由女性工作人员进行。

《刑事诉讼法》中规定，未成年人性侵案件涉及未成年人的隐私，法院对未成年人案件应采取不公开审理。在案件审理过程中，未成年被害人、证人一般不出庭做证，必须出庭的，应当采取化名、远程视频等技术手段对其隐私进行保护。

《民法典》中规定，未成年人遭受性侵害的损害赔偿请求权的诉讼时效期间，自受害人年满十八周岁之日起计算。也就是说，未成年人遭受性侵害时，不是在侵害行为发生后开始计算诉讼时

效，而是从受害人年满十八周岁时才开始计算

在上面的案例中，麦子被性侵后，不应该忍气吞声，应该告诉姑姑等可以让其信任的人，然后让他们通过法律途径来帮助自己维权。

法条链接

《中华人民共和国未成年人保护法》

第一百一十一条 公安机关、人民检察院、人民法院应当与其他有关政府部门、人民团体、社会组织互相配合，对遭受性侵害或者暴力伤害的未成年被害人及其家庭实施必要的心理干预、经济救助、法律援助、转学安置等保护措施。

第一百一十二条 公安机关、人民检察院、人民法院办理未成年人遭受性侵害或者暴力伤害案件，在询问未成年被害人、证人时，应当采取同步录音录像等措施，尽量一次完成；未成年被害人、证人是女性的，应当由女性工作人员进行。

《中华人民共和国刑事诉讼法》

第一百八十八条 人民法院审判第一审案件应当公开进行。但是有关国家秘密或者个人隐私的案件，不公开审理；涉及商业秘密的案件，当事人申请不公开审理的，可以不公开审理。

不公开审理的案件，应当当庭宣布不公开审理的理由。

《中华人民共和国民法典》

第一百九十一条 未成年人遭受性侵害的损害赔偿请求权的诉讼时效期间，自受害人年满十八周岁之日起计算。